全民健身精品课程

跟冠军学打
羽毛球

王琳 编著

全彩
图解视频
学习版

U0722299

人民邮电出版社
北京

图书在版编目（CIP）数据

跟冠军学打羽毛球：全彩图解视频学习版 / 王琳编
著. -- 北京：人民邮电出版社，2018.7
全民健身精品课程
ISBN 978-7-115-36839-3

Ⅰ. ①跟… Ⅱ. ①王… Ⅲ. ①羽毛球运动－基本知识
Ⅳ. ①G847

中国版本图书馆CIP数据核字(2017)第323652号

免责声明

作者和出版商都已尽可能确保本书技术上的准确性以及合理性，并特别声明，不会承担由于使用本
出版物中的材料而遭受的任何损伤所直接或间接产生的与个人或团体相关的一切责任、损失或风险。

内 容 提 要

本书是由世界羽毛球锦标赛女单冠军、浙江省羽毛球女队主教练王琳以多年实战和执教经验为
基础，为广大羽毛球爱好者编写的从入门到进阶的指导书。

本书共7章，分别对羽毛球运动的基础知识、热身方法、基本的握拍方法及训练方法、步法、单
打的赛制和技战术、双打的赛制和技战术、高手进阶内容进行了介绍。书中的技术动作均由王琳亲
自示范及指导，并且借助了大量多角度的高清连拍图，从连贯动作、局部细节、球员动作方向和羽
毛球运动轨迹等多个层面进行了展示和解析。

此外，本书免费提供了66段教学视频，旨在帮助读者降低理解难度，提高练习效果。

◆ 编　著　王　琳
责任编辑　李　璇
执行编辑　刘　蕊
责任印制　周昇亮

◆ 人民邮电出版社出版发行　　北京市丰台区成寿寺路 11 号
邮编　100164　　电子邮件　315@ptpress.com.cn
网址　https://www.ptpress.com.cn
涿州市般润文化传播有限公司印刷

◆ 开本：787×1092　1/16
印张：12.5　　　　　　　　　　2018 年 7 月第 1 版
字数：210 千字　　　　　　　　2025 年 9 月河北第 31 次印刷

定价：49.80 元

读者服务热线：(010)81055296　印装质量热线：(010)81055316
反盗版热线：(010)81055315

在线视频访问说明

本书提供部分动作练习的在线视频，您可通过微信"扫一扫"，扫描书中的二维码进行观看。

Step1： 点击微信聊天界面右上角的"+"，弹出功能菜单

Step2： 点击弹出的功能菜单上的"扫一扫"进入该功能界面

（打开微信"扫一扫"）

Step3： 对准书中二维码进行扫描

（通过微信"扫一扫"扫描书中二维码即可观看）

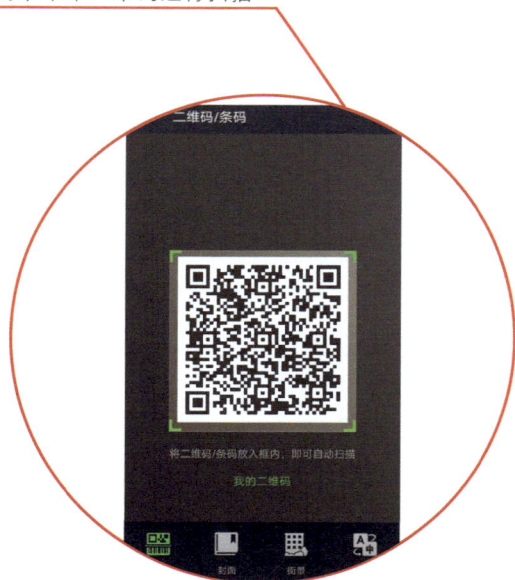

■ 如果您已关注微信公众号"动动吧"，扫描后可直接观看该动作练习对应的在线视频；

■ 如果您未关注微信公众号"动动吧"，扫描后会出现"动动吧"的二维码。请根据说明关注"动动吧"，并点击"资源详情"，即可观看视频。

▶ 书中有 ⏺ 标识的动作练习配有对应在线视频。

▶ 本书提供的视频均通过扫描同一二维码进行观看。为方便读者使用，本书将在配有视频的动作练习所在的小节的标题处（第45页、第49页、第70页、第115页、第135页和第141页）提供该二维码，读者扫描任意一处二维码后即可获得动作练习视频目录，按需进行观看。

目录

第3章 基本握拍方法及训练方法

第4章 羽毛球步法

第5章　羽毛球单打

第6章 羽毛球双打

第7章 高手进阶篇

第1章

初识羽毛球运动

这一章主要针对羽毛球运动的基础知识进行介绍和讲解，其中包括专用手势及术语、比赛制度、场地介绍、器材介绍、装备介绍。

1 专用手势及术语

裁判员手势及术语

停止练习
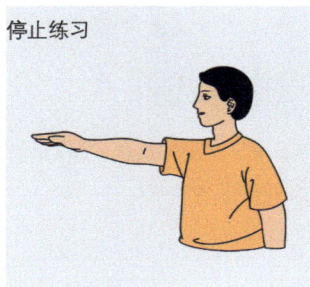

换发球（指向发球方）
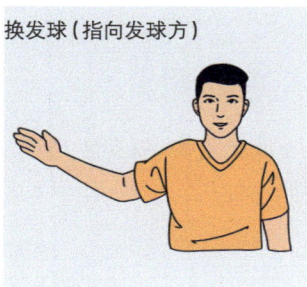

第二发球、连击
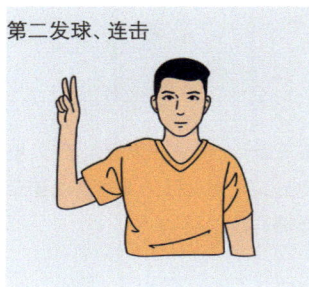

持球、拖带
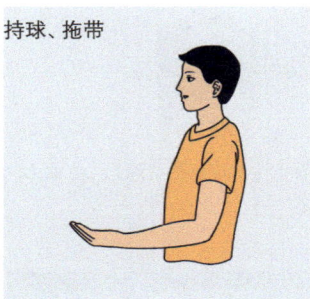

触网

过网击球
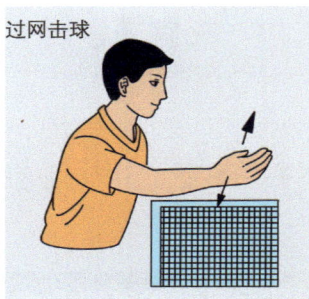

暂停

方位错误
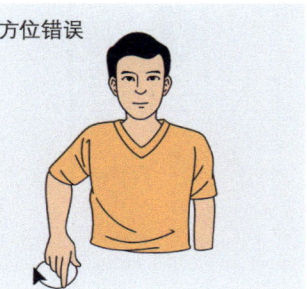

得分
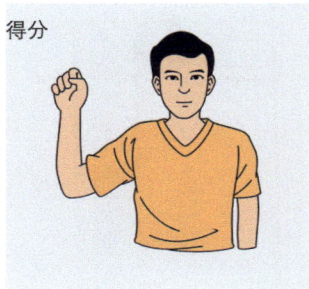

发球裁判员手势及术语

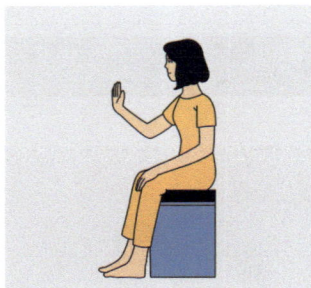

击球瞬间，球拍杆未指向下方，整个拍头未明显低于发球员的整个握拍手部

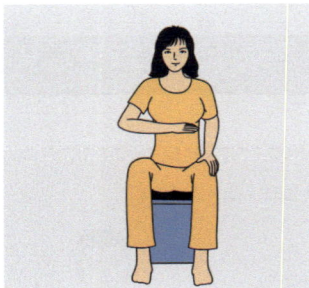

击球瞬间，球的整体未低于发球员的腰部

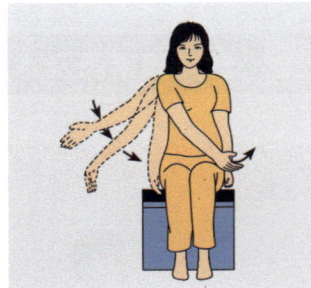

不正当延误发球出击，发球员球拍向前挥动不连续

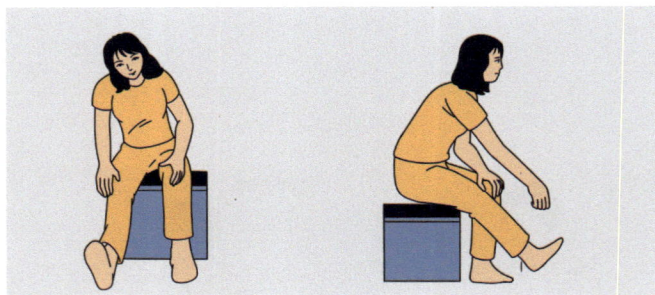

发球击出前，脚不在发球区内、触线或移动

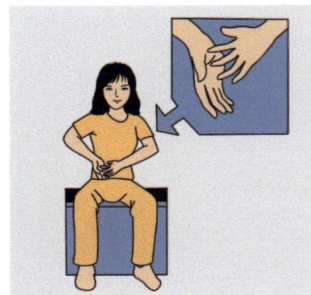

最初的击球点不在球托（也称"球头"）上

司线员手势及术语

界外

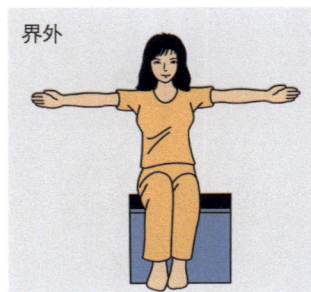

界内

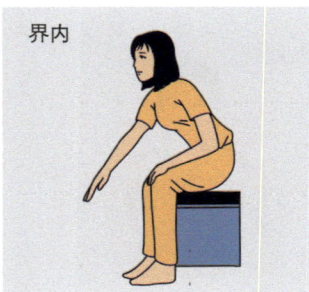

视线被挡住

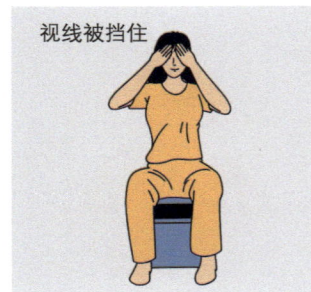

2 比赛制度

计分方法

比赛采用21分制。新规则实行每球得分制。每局比赛，除下述两种情况外，分数先达21分的一方，该局获胜：双方比分20平后，率先领先2分的一方，该局获胜；29平后，分数先达30分的一方，该局获胜。除非另有规定，整场比赛采用3局2胜制。

场区规则

（1）以下情况，运动员应交换场区。
　①第一局结束。
　②第三局开始。
　③第三局或只进行一局的比赛，一方分数达到11分时。
（2）如果运动员未按以上规则交换场区，一经发现，双方在死球时立即交换，已得分数有效。

发球和重发球

（1）得分者方同时获得发球权。一局中，发球员的分数为0或双数时，双方运动员均应在各自右发球区发球或接发球；发球员得分为单数时，双方运动员均应在各自左发球区发球或接发球。
（2）以下情况，运动员应重发球。"重发球"时，最后一次发球无效，原发球员重发球。
　①遇到不能预见的意外情况。
　②除发球外，球过网后挂在网上或停在网顶。
　③发球时，发球员和接发球员同时违例。
　④发球员在接发球员未做好准备时发球。
　⑤比赛进行中，球托与球的其他部分完全分离。
　⑥司线员未看清球的落点，裁判员也不能做出决定时。

比赛连续性

每局比赛，一方分数达到11分时，进行1分钟的技术暂停，让双方进行擦汗、喝水等活动。每局比赛之间允许有2分钟的间歇。除上述两种情况外，比赛自第一次发球开始至该场比赛结束应是连续的。除非有特殊情况（比如地板湿了、球打坏了等）发生，运动员不可再提出中断比赛的要求。

羽毛球场地是中央被球网(边线处网高1.55米，中间顶部网高1.524米)平均分开的长方形场地。场地上空高9米，周围2米内不得有障碍物。

球网一侧场地横向被中线平分为左右两个半区；纵向被分为前场、中场、后场。前场是从前发球线到球网之间的场地；后场是从端线到双打后发球线之间的场地；中场是前发球线与双打后发球线之间的场地。

4 器材介绍

球网与球柱

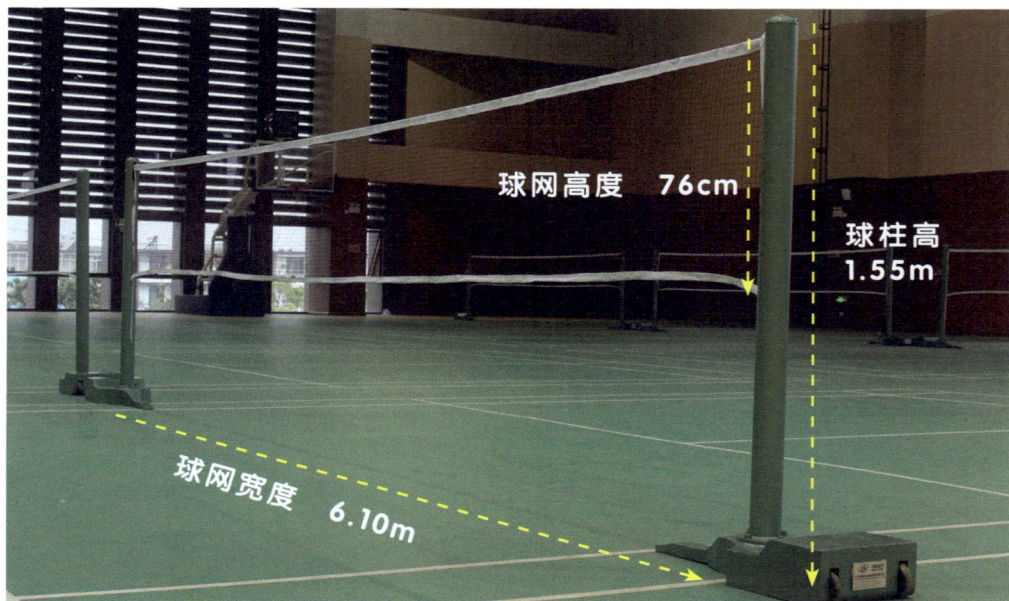

球网高度 76cm
球柱高 1.55m
球网宽度 6.10m

羽毛球

羽毛球主要由羽毛和球头组成，其构造复杂而又匀称。先来介绍一下羽毛球的羽毛。

羽毛

鹅毛材质：我国有三大鹅毛产区。

四川毛：产出时间集中在每年4~7月。

华东毛：产地集中在安徽、江苏、浙江三省，产出时间集中在每年7~10月。

东北毛：产地集中在东北三省，产出时间集中在每年10~12月。

用四川毛制造的球好打、适重，而东北毛制造出来的球耐用、漂亮。

羽毛球的羽毛主要由鹅毛或鸭毛制成。优质羽毛球的羽毛由鹅毛制成，长度为6~7cm，共16根。羽冠的直径为58~68mm。羽毛按照形状，可以分为直刀毛和斜刀毛。斜刀毛主要用于生产家庭娱乐和小学生活动所用的羽毛球，直刀毛则主要用于生产中、高级羽毛球。

羽毛裁制率：一只鸭子有两个翅膀，平均每个翅膀的羽毛裁制率约为16根；一只鹅有两个翅膀，平均每个翅膀的羽毛裁制率约为20根。

直刀毛　　　　斜刀毛

标准A级别比赛用球，两个翅膀的羽毛裁制率，鸭为3~4根，鹅为5~6根；标准B级别，两个翅膀的羽毛裁制率，鸭约4根，鹅约4根；标准C级别，两个翅膀的羽毛裁制率，鸭约4根，鹅约4根。顶级羽毛球的羽毛，必须由16根顺滑、洁白的羽毛以相同的角度排列而成。

球头

按制作材料，可分为硬质塑料球头、泡沫塑料球头、台纤球头、软木球头。现在常用的是台纤球头和软木球头。中、高档羽毛球均采用软木球头。

台纤球头："台纤"就是台湾某软木厂生产的化纤材料，具有重量轻、耐打、硬度好的特点。这种球头的上层为台纤材料，下层为软木（软木颗粒或整体软木）。

软木球头：软木球头又分为三种，分别是整体软木球头、复合软木球头、再生软木球头。

整体天然软木球头的表现最出色，稳定，耐打，一般用在顶级的鹅毛球中。但是由于气候、品种、生产年限的局限，很多天然软木球头的质量并不是很好，容易开裂。

复合软木球头成本较低，是用天然软木碎屑加上专用胶水，经高压成形。其耐打性不如整体天然软木球头。

再生软木球头的耐打性则不如前两种，但是比较适合初学者使用，因为初学者很容易打到羽毛，对球头的损伤性不大。

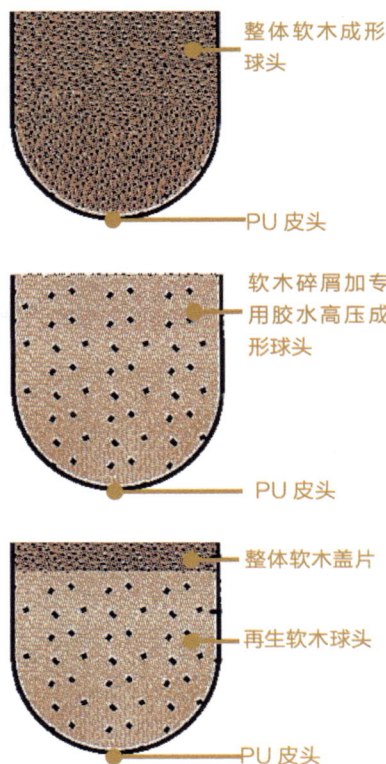

整体软木成形球头

PU 皮头

软木碎屑加专用胶水高压成形球头

PU 皮头

整体软木盖片

再生软木球头

PU 皮头

鹅毛、鹅大刀毛

毛片厚实，羽毛细密，毛杆粗壮，落点精准，更耐打

毛杆笔直粗壮

耐打，不易折断，间隔均匀，长短一致，飞行稳定

优质复合软木球头

弹性好，击打和耐用性非常出色，不易裂开，保证了飞行的稳定性

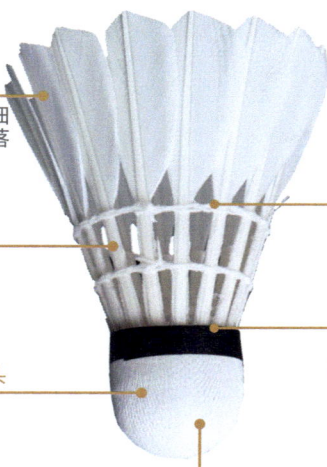

高密度线圈

细致整齐，做工精细，美观的同时提高了飞行的稳定性

进口胶水

胶水轻质细腻，黏性大，牢固粘紧每一根毛片，同时提高了20%的耐打度

球头台纤部分

台纤紧凑密实，与软木衔接结实，增强了耐打性

羽毛球的选择

羽毛球的选择有以下几个标准：

（1）外形。外形要整齐，羽毛要洁白顺滑，插片的角度要一致。

（2）羽毛杆。粗且直，胶水均匀，用手握上去要有硬度，弹性好，不变形。

（3）稳定性。试打时，飞行稳定性好，不摇晃、不漂移。同一筒内的羽毛球性能不应该有明显的差别。

（4）速度。羽毛球的速度有专门的数值表示（球筒顶盖上会有标注），数值越小，则重量越轻，球速越慢，适用于气温稍高的季节；数值越大，重量越大，球速越快，适用于气温较低的季节。从轻到重的数值标示分别为76、77、78、79或1、2、3、4。

整体结构

拍头

有圆形拍头和方形拍头之分

有效区域
（甜区）

拍框

从拍框的截面看，有半圆形截面、框形截面、翼形截面等。截面不同，扭力也不同

球拍接头

从外形看，有 T 形接头和 Y 形接头。全碳接头从外观看是一体的

拍杆

连接拍框和拍柄，上面标有球拍参数

拍锥盖

拍锥盖上一般印有球拍参数

拍柄

多为木质拍柄，须缠绕手胶，以减少对手部的摩擦伤害，并吸收汗渍

穿好线的球拍

MEMO

拍锥盖上常见的参数：U– 重量，数值越高，重量越轻；G– 拍柄的粗细，G1 最粗，G5 最细；H– 横线（磅数），V– 竖线（磅数）；HH– 平衡点靠前，拍头重；HL– 平衡点靠后，拍头轻；S– 硬度，越靠近 S 硬度越大；F– 柔韧，越靠近 F 越柔软

球线的种类

羽毛球线在反弹性能、耐用性能、控球性能、吸震性能、击球手感方面都有不同的级别组合和特殊的生产工艺，以满足不同类型选手对不同球拍和不同打法的组合需要。

推荐横、竖线分开，四点打结的专业拉线法来拉羽线，一般为：双打——横24磅、竖22磅；单打——横22磅、竖20磅（女子可减1~2磅）。

球拍的种类

从拍头形状区分

可分为圆形拍头的球拍和方形拍头的球拍。拍头的甜区是球拍的有效击球区，位于球拍中心稍靠上的位置。甜区击球威力大，震动感小，控球性好。如果拍头增大，甜区就会变大，更容易掌控，但是拍头加大会带来扭力和重量方面的负面影响。

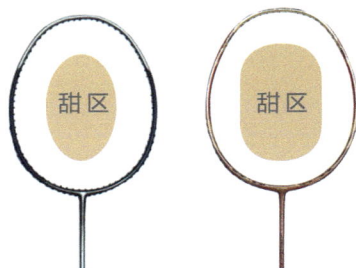

圆形球拍　　　方形球拍

从球拍重量区分

可分为U、2U、3U、4U 等型号。U（Unit Weight）是重量单位，数值越高，质量越轻。较重的拍子（多为铝框球拍）适合进攻型球员，较轻的拍子（多为全碳球拍）适合防守型球员。

从材质上区分

可分为铝框球拍和全碳球拍。目前大多数人使用全碳球拍。

球拍的选择

想在球场上获得最佳表现，好的球拍是必不可少的。如何选择球拍，可以从以下几方面来考量。

（1）拍子拿在手中是否舒服，拍柄的粗细是否合适手形大小。

（2）拍子的重量。选择适合自己的重量。球拍重量并不是越轻越好，使用重量轻的拍子扣球时，力度会打折扣。全碳球拍的重量最轻，但价格较贵。

（3）球拍的硬度。球拍的硬度包括拍杆的硬度和拍框的硬度。拍杆的硬度不能太大，尤其是中杆，需要有弹性。拍杆的硬度可通过挥动球拍看是否有震动感来测试，震动感较大的球拍弹性好，击球时回弹力会形成鞭打的效果，提高球速。拍框硬度越大，触球时就越不容易发生变形和扭动，因此拍框的硬度应大一些。

（4）平衡点。平衡点是使球拍两端保持平衡的点，位于拍杆中部，可通过用手指托住中杆位置的方法来确定平衡点。平衡点离拍框近的球拍，适合进攻型球员使用；平衡点离拍柄较近的球拍，适合防守型球员使用。

（5）扭力。球拍的扭力测试：左手握拍框保持不动，右手握拍柄，将拍柄按顺时针或逆时针转动，拍面所能转动的角度就是球拍的扭力。扭力越小，球拍对球的控制力就越好，能保证击球的落点在击球者的预测范围内。扭力和球拍使用的材料有很大的关系，材料的密度越高，扭力就越小。

（6）价格也是羽毛球运动爱好者很关心的一个方面。挑选拍子并不是越贵越好，贵的拍子各方面性能都很优秀，但是作为初学者，很难体会到拍子的优越性，因此挑选合适的就好。

5 装备介绍

服装

选择球衣是有原则的。

首先，要选择较为宽松的服装，但也不能过于宽松。太紧或太宽松都会对运动造成障碍。裤装需要具有一定的弹性。

其次，不要选择纯棉服装。羽毛球运动属于出汗较多的运动，而纯棉服装的吸汗能力有限，且吸附在上面的汗水不易蒸发，衣服会因吸收越来越多的汗水而增重，贴在身上使人感觉很不舒服。

羽毛球服装的常用面料有：涤纶棉混纺布、涤纶布、鸟眼布和金光绒布等。这些面料舒适感不错，有很好的透气性，吸附在上面的汗水能很快蒸发掉。

涤纶棉的混纺　　　　　涤纶　　　　　　　鸟眼布　　　　　　金光绒

羽毛球服装

女装上衣

男装上衣

女装裙裤

男装短裤

常见羽毛球女装。女装版型较为纤瘦。下装除裤装外还有外观靓丽的裙裤。

正　　　　　背　　　　　正　　　　　背

女装

男装

正　　　　　背　　　　　正　　　　　背

羽毛球鞋

羽毛球鞋是羽毛球运动中非常重要的装备，不仅要防滑，而且要减震，因此羽毛球鞋的选择主要根据这两点进行，具体可参考以下几点。

（1）防滑

羽毛球运动多在塑胶地面和木质地板上进行，因此要选择防滑性能好的鞋子。这类鞋子的鞋底一般由生胶或人工橡胶制成。生胶鞋底适用于木板场地，人工橡胶鞋底（软底）适用于塑胶场地。

鞋底的防滑纹路，可保证球员在急停、转弯、后退时的稳定。常见的羽毛球鞋的纹路形状为正八面形、平行四边形、L形、Z形、小环形等。

羽毛球鞋最好只在打羽毛球时穿，以避免鞋子被弄脏，或鞋底沾满灰尘而变滑。

（2）减震

减震设计一般位于鞋子的后跟部分，这样设计主要是考虑到羽毛球运动的扣杀和网前跨步击球的技术特点，因此羽毛球鞋的鞋底不能太厚。同时，在羽毛球运动中，脚部后掌发力的时候比较多，因此不能使用后跟较高的鞋子。

橡胶大底

凹形护踝

透气鞋面

Y形防护

透气鞋面：大面积透气网眼面为脚步带来前所未有的轻盈。

Y形防护：李宁平台Y形防护，轻松步伐，增强防护，防止扭伤。

凹形护踝：凹形护踝设计，贴合脚形，能很好地保护脚踝，防止脚踝在运动中扭伤。

橡胶大底：塑造一流抓地力与耐磨性，助你轻松驾驭一切场地。

（3）透气

选择有大面积透气网眼的鞋子，其散热性能好，舒适而轻盈。

羽毛球袜

纯棉质地

柔软, 吸汗, 摩擦力大, 保护脚部

袜底加厚

禁得住运动时的摩擦, 延长使用寿命, 并起到减震作用

一体成形

袜子前端没有突出的缝合线, 更加结实, 使脚部(尤其是脚趾)舒适

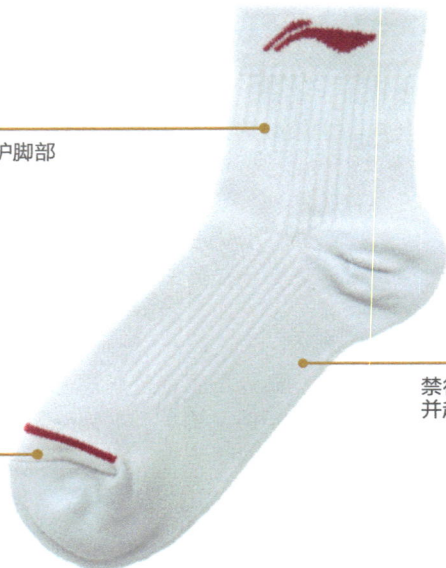

（1）羽毛球袜的材质主要是棉。棉袜的优点是柔软、摩擦力大、吸汗。柔软的质地对脚趾起到良好的保护作用；摩擦力大保证了不会因为袜子滑而导致脚在鞋子里面滑动，进而损伤脚趾；吸汗可以减少脚的汗臭，延长球鞋的使用寿命。

（2）羽毛球袜的袜底加厚。羽毛球选手在场上的移动非常多，频繁地做启动、制动、蹬地等动作导致袜子与鞋的摩擦非常多，只有加厚的袜底才能保证球袜的使用寿命。同时，加厚的袜底对于脚部也起到了减震和保护的作用。

（3）羽毛球袜通常都是一体成形，没有突出的缝线。普通棉袜大多都是在袜子的前端缝合，这条缝线既降低了袜子的强度，又经常使脚趾产生不适感。羽毛球袜整体成形，既保证了袜子的形状与脚形的贴合，又消除了袜子可能对脚产生的伤害。

第2章

热身运动

这一章主要对羽毛球运动专项热身的方法做介绍和讲解，其中包括头部运动、肩关节运动、手臂运动、腰部运动、膝关节运动、腿部运动、手腕和脚踝运动。

1 头部运动

前后拉伸

1. 两脚并立，双手叉腰，目视前方。
2. 向前低头，下颌努力靠近胸骨，直到后颈处的肌肉有拉伸感，保持静止约10秒。
3. 再仰头，努力向后拉伸，使脖子下面的肌肉充分伸展，保持静止约10秒。重复动作。

低头

抬头

其他角度连贯动作展示

左右拉伸

1. 两脚并立，双手叉腰，目视前方。

2. 头部向左侧侧曲约45°，直到颈部肌肉有拉伸感，保持静止约10秒。然后头部回正，保持身体直立不晃动。

3. 头部向右侧侧曲约45°，直到颈部肌肉有拉伸感，保持静止约10秒。然后头部回正。重复动作。

其他角度连贯动作展示

旋转绕颈

1. 两脚并立，双手叉腰，目视前方。
2. 头部沿逆时针方向旋转画圈，旋转一圈后回到起始位置，保持身体直立不晃动。
3. 头部沿顺时针方向旋转画圈，旋转一圈后回到起始位置。重复动作。

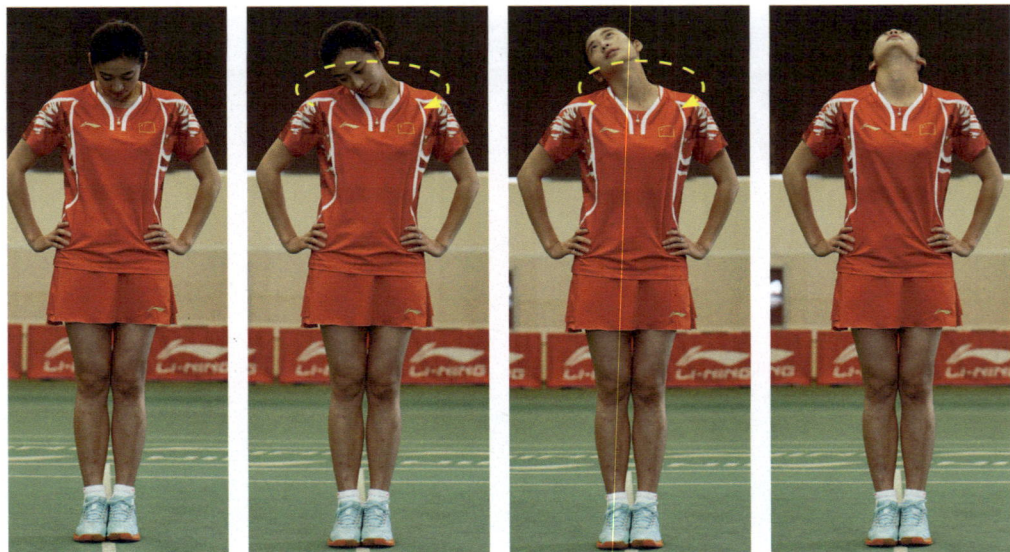

2 肩关节运动

双臂绕环

1. 两脚并立，双臂自然垂下，手心向内。
2. 双臂依次向前、向上、向后做绕环，环转一周后回到起始位置。
3. 反方向依次向后、向上、向前做绕环，环转一周后回到起始位置。重复动作。

其他角度连贯动作展示

振臂运动

1. 两脚并立，目视前方，双臂自然下垂，手掌微握成拳状。
2. 左臂向前伸出，做上摆运动，另一只手臂向后，做后振运动。
3. 换右臂上摆，左臂后振。左右臂交叉进行。

其他角度连贯动作展示

肩部绕环

1. 两脚并立，目视前方，两臂侧屈，双手分别放于两肩，掌心向下。
2. 保持双臂和双手姿势不变，肩关节绕额状轴向前绕环一周，回到起始位置。
3. 肩关节向后绕环一周，回到起始位置。重复动作。

其他角度连贯动作展示

3 手臂运动

拉伸一

1. 两脚并立，左臂向右伸直，右臂弯曲，左臂置于右臂内侧。

2. 双臂保持用力状态，身体向右扭转，以拉伸左臂，保持静止约10秒。

3. 右臂向左伸直，左臂弯曲，右臂置于左臂内侧，双臂保持用力状态，身体向左扭转，以拉伸右臂，保持静止约10秒。

后伸

后伸

其他角度连贯动作展示

45°

右伸

45°

左伸

1．两脚并立，挺胸抬头，目视前方，双臂屈曲上举，右手置于左肘关节处向右后方施力，拉动左臂右伸约45°，保持静止约10秒。

2．两臂交换用力，左手置于右肘关节处向左后方施力，拉动右臂左伸约45°，保持静止约10秒。重复动作。

■ **其他角度连贯动作展示**

4 腰部运动

1. 两脚开立，与肩同宽，双手叉腰，目视前方。
2. 保持叉腰姿势，上身向左侧屈，至腰部右侧肌肉有拉伸感，然后回正。
3. 向右侧屈曲，至腰部左侧肌肉有拉伸感，然后回正。重复动作。

左扭 45°　　　　　　　　右扭 45°

其他角度连贯动作展示

体转运动

1. 两脚开立，与肩同宽，双臂平屈，手指微微弯曲，手心向下，目视前方。
2. 保持双臂姿势不变，上身向左转体至最大程度，然后回正。
3. 向右旋转，然后回正。重复动作。

向左旋转

向右旋转

其他角度连贯动作展示

体侧运动

1. 两脚开立，与肩同宽，右臂置于身后，目视前方，左臂上举。
2. 左臂带动肩、腰、胯部向右侧弯曲下压，直至身体左侧肌肉有拉伸感，然后回正。
3. 换左臂置于身后，右臂上举，带动肩、腰、胯部向左侧弯曲下压，直至身体右侧肌肉有拉伸感，然后回正。重复动作。

向右下压

向左下压

侧面&背面

腰部绕环

1. 两脚开立，与肩同宽，身体前倾，双臂保持自然垂下。
2. 以髋部为中心，上肢带动腰腹顺时针画圆一周，回到起始位置。
3. 保持姿势，再逆时针画圆，带动身体旋转一周，回到起始位置。重复动作。

顺时针旋转

顺时针旋转

5 膝关节运动

上下蹲起

1. 两脚并立，身体前倾，双手扶膝。
2. 缓慢下蹲。
3. 缓慢起立。重复动作。

蹲下

起立

其他角度连贯动作展示

旋转绕膝

1. 两脚并立，身体屈膝前倾，双手扶膝。
2. 双膝同时向外旋转，旋转一周后回到起始位置。
3. 两脚开立，与肩同宽，双膝同时向内旋转，旋转一周后回到起始位置。重复动作。

向外旋转

向内旋转

6 腿部运动

1. 左腿屈膝，右腿向右侧绷直，重心位于左腿上，左手自然扶膝保持平衡，右手置于右腿以辅助下压。
2. 开始向下重复压腿，身体保持正直，不要来回晃动。
3. 换另一方向屈膝压腿。重复动作。

其他角度连贯动作展示

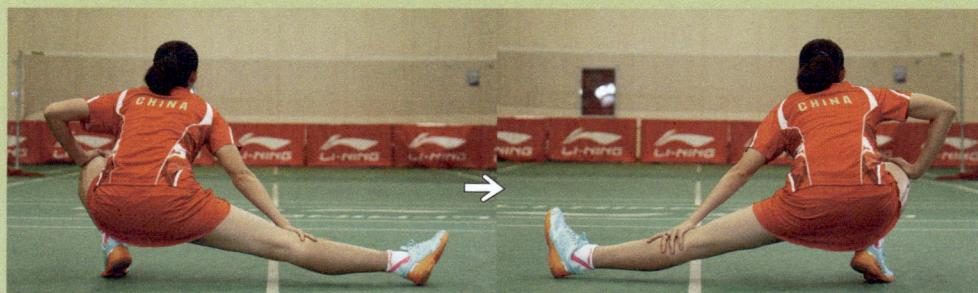

正压腿

1. 右腿向前迈一大步，屈膝成弓步，左腿绷直。双手置于右膝上。
2. 开始向下重复压腿，身体保持正直，不要来回晃动。
3. 换左腿成弓步屈膝压腿，重复动作。

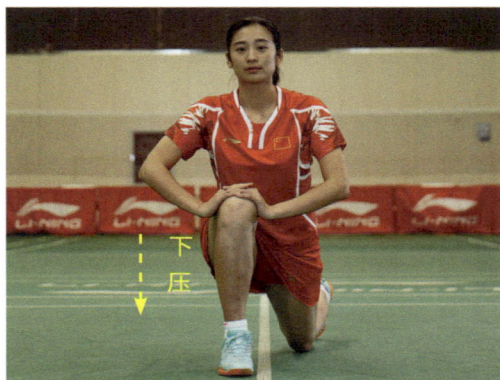

下压

其他角度连贯动作展示

双腿拉伸

1. 两脚并立，身体前屈，双臂自然下垂，双手交叉，掌心向外向下。
2. 两腿绷直，尽可能地两手向下压，以碰到地面为止。
3. 重复下压。

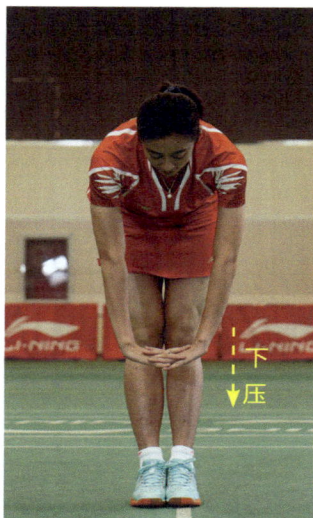

其他角度连贯动作展示

7 手腕、脚踝运动

手腕和右侧脚踝

1. 左腿直立，重心置于左腿上，右脚脚尖点地。十指交叉于胸前。
2. 按顺时针转动右脚脚踝，同时两手手腕沿顺时针方向转动。
3. 按逆时针转动右脚脚踝，同时两手手腕沿逆时针方向转动。重复动作。

手腕和左侧脚踝

1. 左侧以同样的方法进行。右腿直立，重心置于右腿上，左脚脚尖点地。十指交叉于胸前。
2. 按顺时针转动左脚脚踝，同时两手手腕沿顺时针方向转动。
3. 按逆时针转动左脚脚踝，同时两手手腕沿逆时针方向转动。重复动作。

第3章

基本握拍方法及训练方法

这一章主要对羽毛球运动的基本握拍方法及训练方法做介绍和讲解，其中包括握拍姿势与发力技巧、常用发球技术与战术、前中后场击球的技术与训练技巧。

1 握拍

羽毛球运动的握拍姿势根据个人习惯和操作方法，分为几种不同的方式，包括正手握拍、反手握拍、钳式握拍、锤式握拍等。

握拍姿势及训练

正手握拍法 ▶

正手握拍是羽毛球运动最基础的握拍方法，几乎适合各种打法，尤其适合初学者使用。

虎口对准拍柄的窄面

食指和中指稍稍分开

小指、无名指和中指自然轻松合拢

手掌下方靠在拍柄底托部位

—— MEMO ——

正手握拍法一般用于身体右侧的正手正拍面击球及头顶后场击球。

❌ 错误动作

无论是正手握拍还是反手握拍，五指都应该保持松弛有度，不能抓得太死。

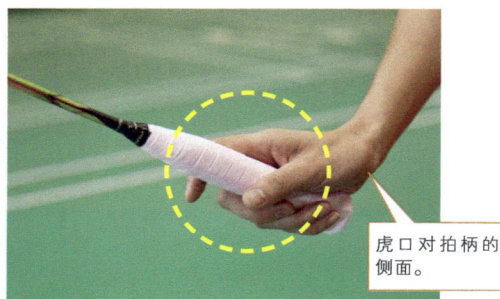

正面状态

虎口对拍柄的侧面。

背面状态

拍头是手臂的延长，手臂与拍面保持垂直。

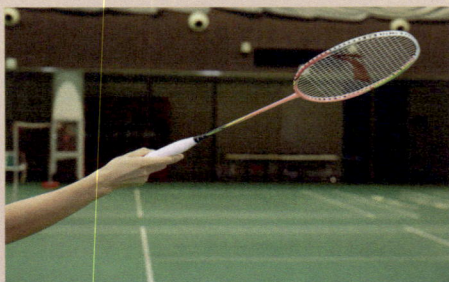

练习正手颠球时用正手握拍法将球连续击出，控制拍面及击球力度以免落地，以此熟悉正手握拍的方法，并提高控球能力及球感。

反手握拍法 ▶

一般在身体左侧用球拍反面击球时所用的握拍方法称为反手握拍法。在该握拍方法中，拇指发力十分重要，因此又称为"拇指握拍法"。

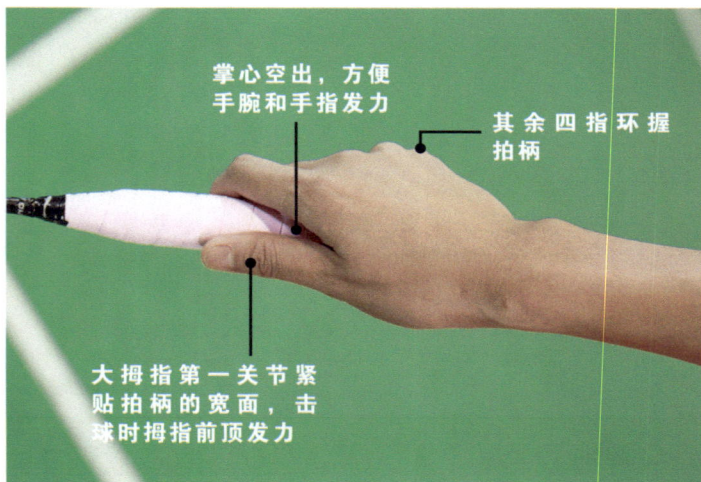

掌心空出，方便手腕和手指发力

其余四指环握拍柄

大拇指第一关节紧贴拍柄的宽面，击球时拇指前顶发力

MEMO

反手握拍又叫拇指握拍，主要用于反手扑球、反手防守和反手平抽球。

❌ 错误动作

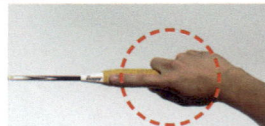

也有少数人习惯将食指放在拍柄上伸直，但在大力挥动球拍时很容易出现脱柄等问题。

正面状态

掌心和拍柄之间留有一定的空隙，使除了大拇指外的其他四指能自如地转动球拍，方便手指、手腕发力。

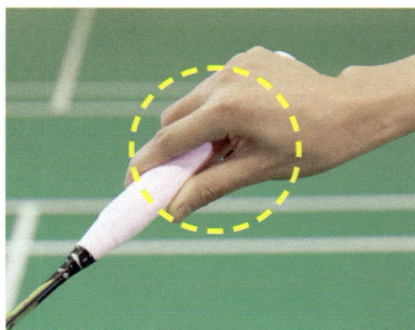

背面状态

手中的球拍随手指尽量向右转，直到大拇指转到拍柄的窄面。

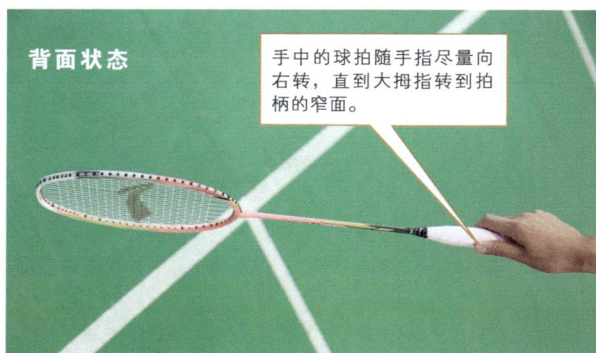

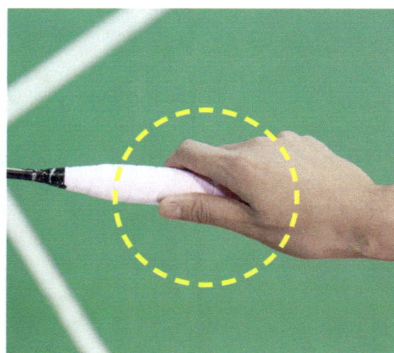

反手握拍练习：反手颠球 ▶

前臂和拍杆此时应时刻保持120°~130°，反拍面向上。初级阶段主要练习拇指前顶发力，熟练后体验前臂外旋发力颠球。重要的是手腕要随手背灵活转动。

握拍发力技巧

活握死抠

活握，即在非击球状态下球拍不能握得太死，以方便灵活转换握拍方式，应对不同方向、不同力度的来球；死抠，即根据来球状况确定自己的还击手段后，击球时手指（尤其是拇指和食指）要抠紧球拍，以保证击球的力度和线路。

活握

死抠

动作连贯，击球利落

应对来球时，身体动作要协调连贯。在击球发力的瞬间，从腰部到手腕有一个突然制动，这个突然的停顿使势能转化为动能，让球速更快，球飞得更远。

身位配合握拍

回击正手高球时，身体向侧后方转动，手腕连带着拍面也要向内侧转动同样的角度；回击反手高球时，身体背向对手，并且完全打开，手臂做长距离挥动，手腕及时发力。

急追轻挡

如果局面对己方进攻有利，可用快节奏连续发动攻势，此时手腕和手臂的动作要快速连贯；如果对方连续进攻，己方处于被动局面，可用较轻的力度挡球，迫使对方的节奏放缓，此时手腕和手臂的发力要轻缓。

后场高远球

先移动到位，挥拍时蹬地转髋，以腰腹带动肩关节、手臂、手腕鞭打发力。动作幅度大，用力猛。

后场击球手腕前压

打后场球时，手腕要向前压，这样即使球速不快，球的落点也会更远。如果落点离底线较远，容易陷入被动而受到攻击。

前场搓小球

前场小球，手臂伸出要稳健，靠手腕和手指的转动搓球，幅度小，用力巧。

前场手臂快抬

前场防守时，手臂上抬的速度要快，给己方争取时间，避免陷入被动。

长臂挥拍，短抖击球

此种方法意在迷惑对方。挥拍时做用力状，肩膀和胳膊完全伸展开，好像要全力击球的样子；但是在击球的瞬间，仅仅用手腕的抖动改变击球的线路和落点（相对于全力击球而进行的改变）。

中场平举

是指在中前场抽平快球的时候，球拍直接平举，手腕保持紧绷，前臂发力，加速抽球。

发球

发球技术的好坏，有时直接关乎比赛的胜负。好的发球技术是打好羽毛球的第一步。

发球的分类及手腕动作

发球的分类

按发球的手势来分，发球可分为正手发球和反手发球；按照球在空中飞行的弧线来分，发球可分为发网前球（也叫"短球"）、发平快球、发平高球、发高远球等。

各种发球的弧线示意图（以双打发球为例）
A.发网前球
B.发平快球
C.发平高球
D.发高远球

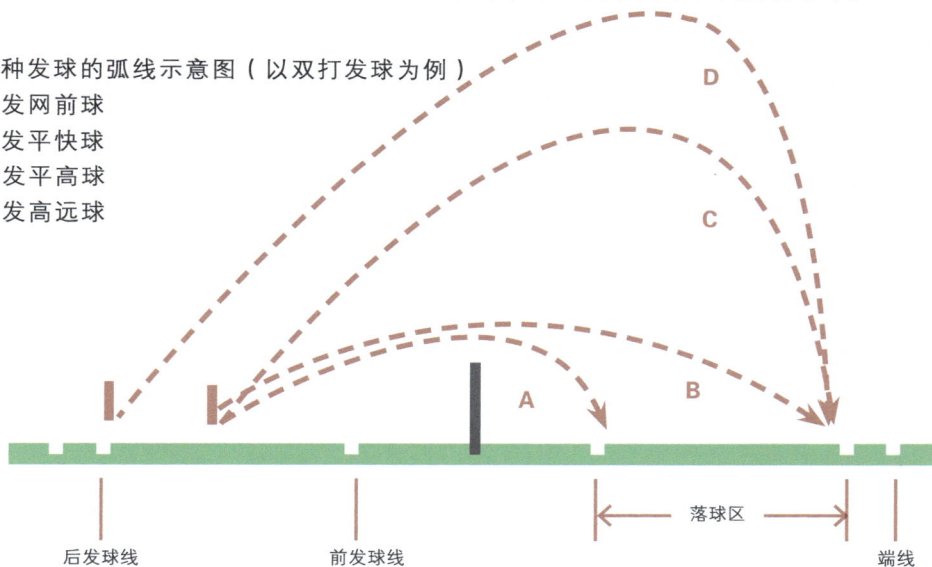

后发球线　　　前发球线　　　落球区　　　端线

手腕动作

在羽毛球运动中，手腕技巧的运用比较多，经常用到的有展腕、屈腕、收腕等，它们在发球、击球动作中起着重要作用。在学会发球、击球之前，必须先了解一下手腕的动作。

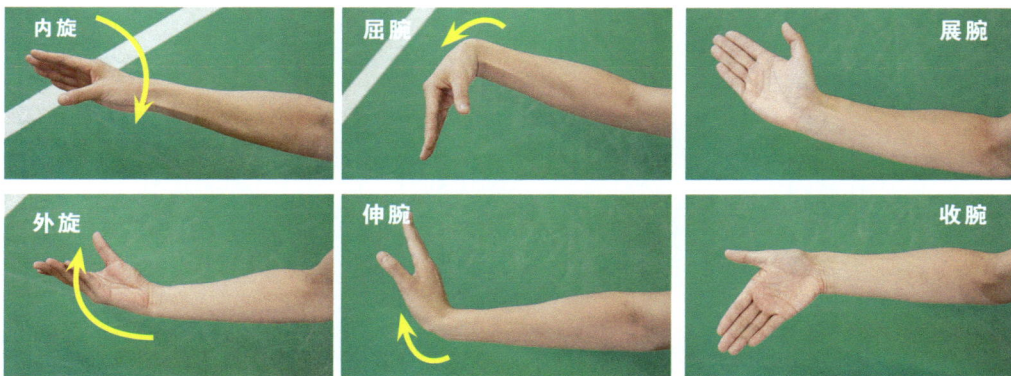

正手发网前球 ▶

持球的手与视线齐平，与眼睛有一定的距离。

❶ 两脚前后开立，与肩同宽。左脚在前，右脚在后，右脚尖朝外，且重心在后脚。

❷ 上臂紧贴身体，前臂稍稍外旋，身体由侧身对网转至正对网，重心随之移到前脚。

做准备动作时，重心在后脚；击球时，重心转移到前脚。

击球前手臂稍稍弯曲而非伸直等球，击球的瞬间手臂伸直。

❸ 将球向右前方呈切削式击出。

❹ 触球后前臂内旋，手臂略微弯曲，将球上挑过网后收拍至左肩前方。

其他角度连贯动作

练习

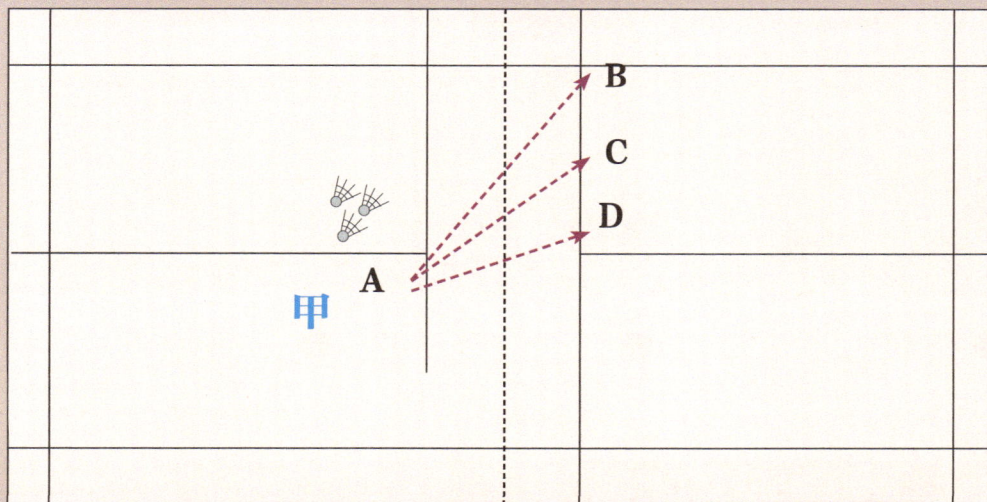

甲：位于右前场A处，左手附近放置一筐羽毛球，分别向对方右前场B、C、D三处发正手网前球。30个为一组。

注：甲方为被训练方。红色箭头为甲方的击球方向。后同。

反手发网前球即运用反手发球技术将球发到对方发球区内网前附近的发球方法，除了握拍方式不同，其发球技术与正手发网前球类似。动作小，速度快，动作一致性好，对方不容易判断来球的方向，因此在双打中反手发球使用得比较多。

尽可能地提高击球点，以降低球过网的弧度。

左手持球，球不能超过腰部。

❶ 两脚可前后开立，也可左右开立，与肩同宽。前后开立时，左、右脚均可在前；身体重心在后脚。

❷ 左手食指、拇指、中指轻捏羽毛球的羽毛边缘，将球置于球拍前面。重心前移，手臂准备向前推拍。

❸ 左手将球松掉，同时右手向后短暂引拍，然后向前推拍，手指、手腕用力，球拍呈横向切削式将球击出。

其他角度连贯动作

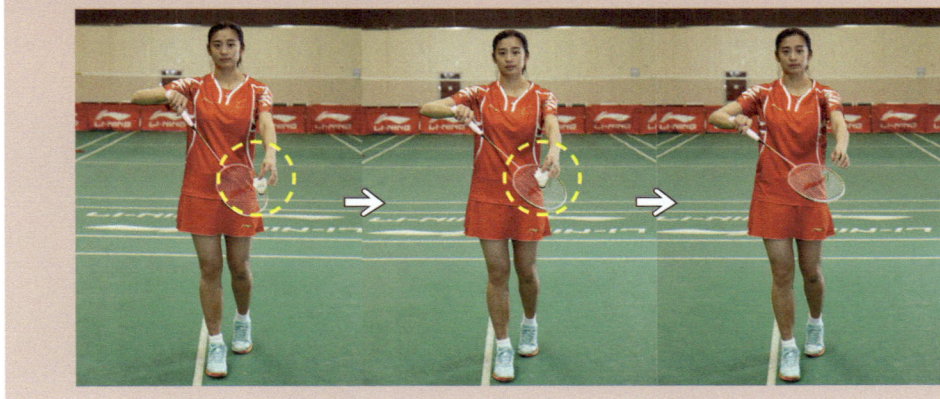

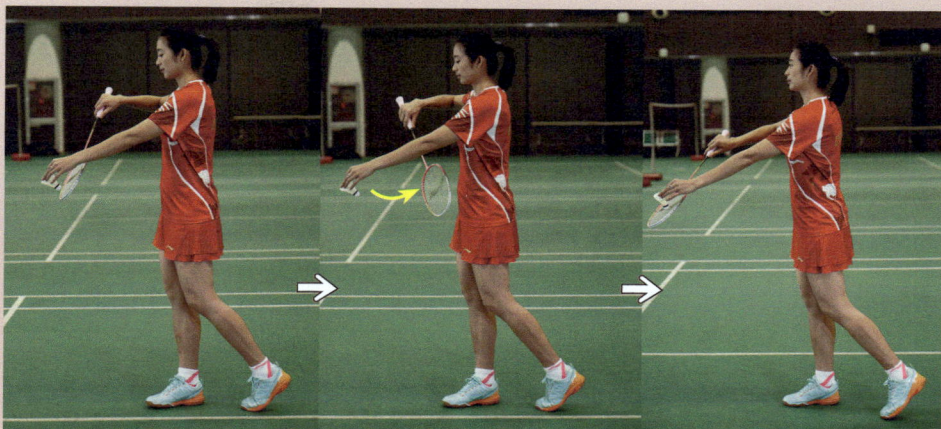

击球的瞬间手臂随着惯性向身体左上方挥动。整个动作完成后，左脚先于右脚蹬地向前迈步，迅速移向中心位置，屈膝收腹含胸成准备姿势。

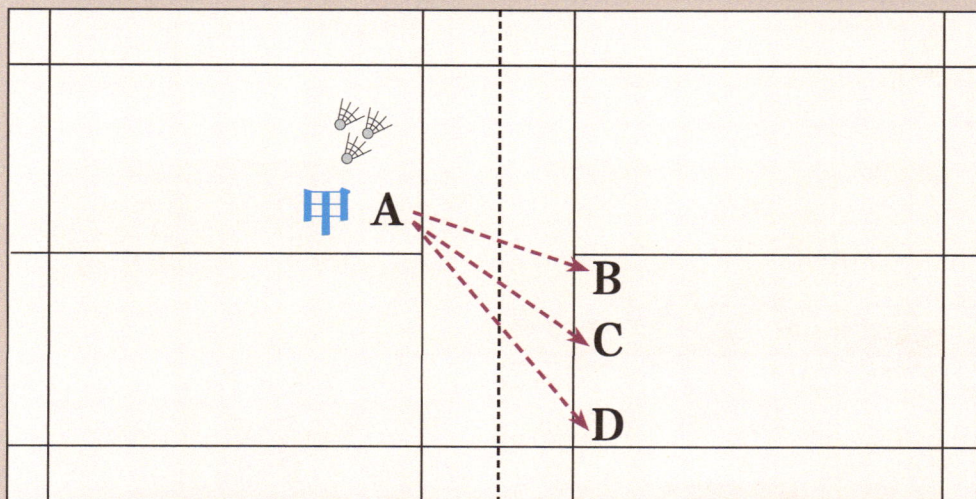

甲：位于左前场A处，左手附近放置一筐羽毛球，分别向对方左前场B、C、D三处发反手网前球。30个为一组。

高远球是飞向对方后场的球，即要把球发得又高又远；球飞行至弧线的最高点时，垂直下落至对方端线附近。高远球的距离远、弧度大，使对方的回球很难具有威胁性，从而给己方创造有利条件。发高远球在单打中用得比较多。

1 两脚自然分开，侧身对网，左脚在前，与中线平行，右脚在后，脚尖向右，重心位于右脚。左手持球，上抬到胸部前方，右手握拍，自然后举于身体右后侧，双眼注视前方。

2 左手自然将球松开，使球垂直下落，同时转体，右手从后向前，由下而上画弧至击球点。

用拍子正面击球。

3 击球时击球点在身体的右前下方，上臂带动前臂内旋，展腕、屈指发力，用正拍面将球击出。

击球后，右臂随惯性挥拍至身体左上方，身体重心随之转移到前脚。

4 击球后，右臂随惯性挥拍至身体左上方，身体重心随之转移到前脚。

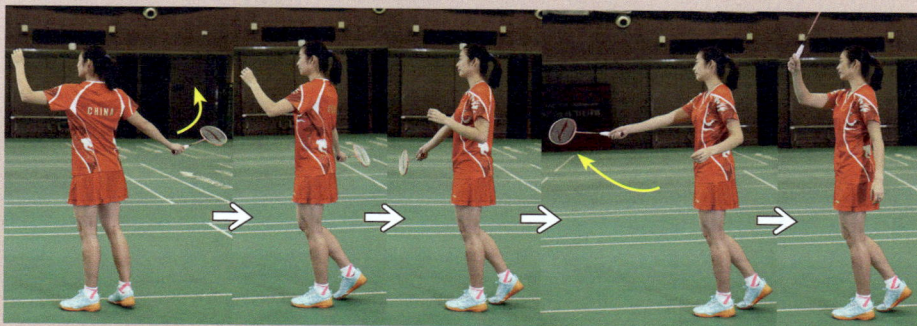

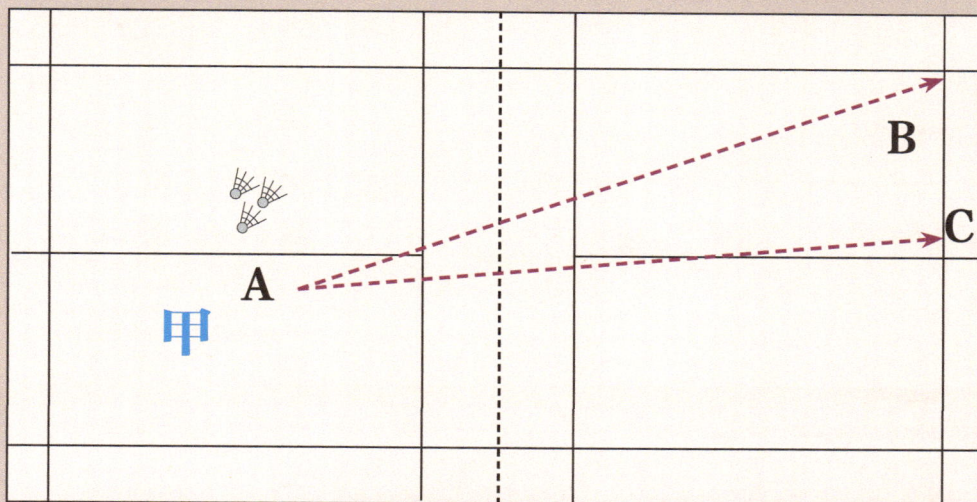

甲：位于右半场中场A处，左手附近放置一筐羽毛球，分别向对方右后场B、C两处发正手高远球。30个为一组。

反手发高远球 ▶

即用反手的手法将球发向对方后场，上臂带动前臂，将球击得又高又远。

击球时，注意上臂带动前臂，展腕，利用手腕、手指的力量向前上方击球。

反手发球中，持球时需注意用拇指、食指和中指轻捏羽毛球的羽毛边缘。

❶ 两脚前后开立，右脚在前，与中线保持平行；左脚在后，脚尖向外，脚跟抬起。重心在前脚。

❷ 右手持拍于体前，拍头于左腰腹前自然垂下，左手持球于拍前，低于手腕。

❸ 右手开始向后引拍，同时左手开始放球。引拍时前臂外旋，向后做半弧形的回拉动作。击球的瞬间上臂带动前臂转动，拇指前顶，用力将球击出。

其他角度连贯动作

击球动作完成后，前手臂顺势从左下方向右上方挥拍，手臂伸直，与肩同高。

有少数人习惯将胳膊抬得过高或过低，在这种情况下，大力挥动球拍时很容易出现脱柄等问题。

练习

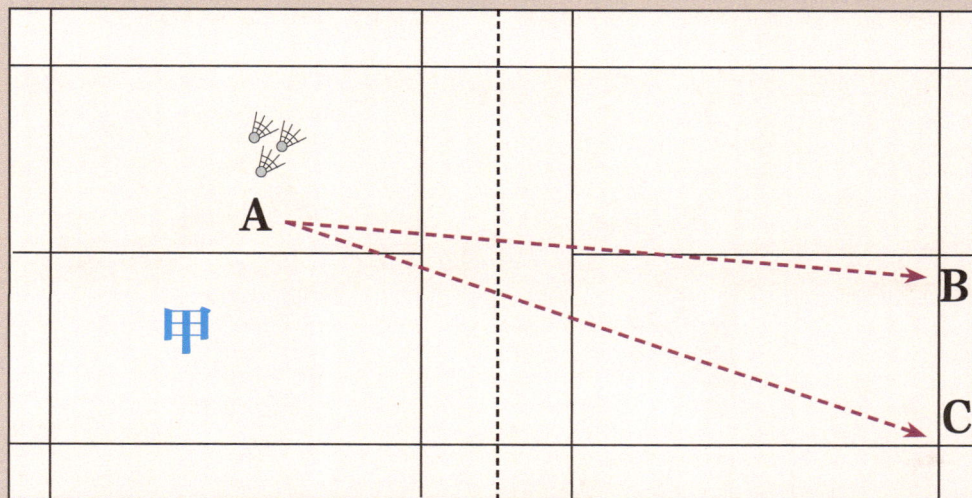

甲：位于左半场中场A处，左手附近放置一筐羽毛球，分别向对方左后场B、C两处发反手高远球。30个为一组。

正、反手发平快球，球的路线、落点和角度都是一样的。击球的一瞬间，手腕带有弹性，球拍面和地面的角度接近垂直，使球向对方后场方向飞去。

击球时，要用前臂带动手腕。

① 两脚前后开立，侧身对网，左脚在前，右脚在后，重心在右脚。右手持拍，向身体侧面自然伸开。左手持球，置于身体右前方。

② 准备击球时，手臂前摆，手腕外展，拍面与地面几乎垂直，同时，左手将球自然放落。

准备击球时拍面几乎垂直于地面。

③ 击球时，前臂带动手腕，使手腕带有弹性，用爆发力将球击出。在球不过腰的范围内，尽量提高击球点。

④ 击球完毕后，顺势将拍向左后方挥动，收于左肩前方。

其他角度连贯动作

练习

甲：位于右半场中场A处，左手附近放置一筐羽毛球，分别向对方右后场B、C两处发正手平快球。30个为一组。

反手发平快球，就是用反手手法发平快球，球的落点、路线和正手发平快球一样。

① 两脚前后开立，右脚在前，与中线保持平行；左脚在后，脚尖向外，脚跟抬起。重心在右脚。

② 反手握拍，前臂抬起，球拍斜向下，拍头低于手腕。左手持球，置于身体左前方。球不过腰，球托斜向下，朝向球拍。

③ 身体略前倾，前臂带动手腕，迅速向前上方推送球拍。球拍摆动幅度尽量小，但要具有爆发力。

其他角度连贯动作

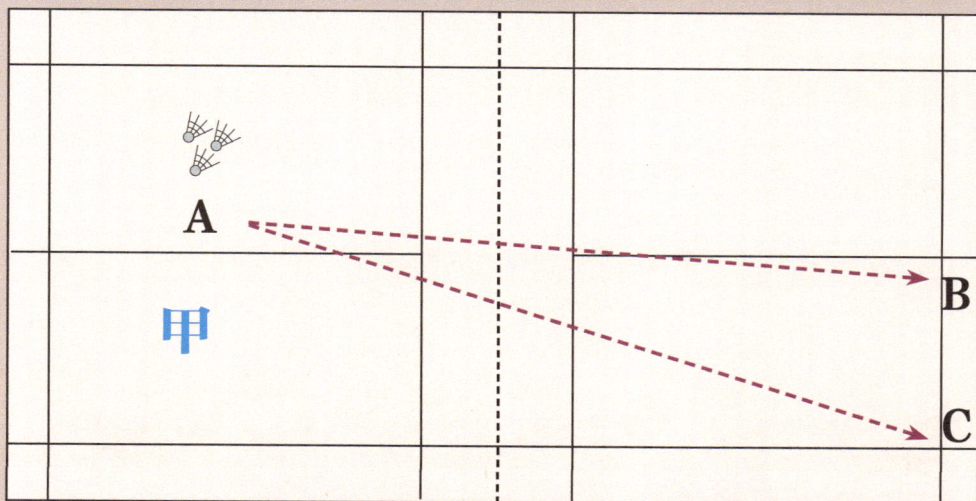

甲：位于左半场中场A处，左手附近放置一筐羽毛球，分别向对方左后场B、C两处发反手平快球。30个为一组。

正手发平高球 ▶

正手平高球的发球姿势、动作和正手高远球一样，区别在于发力方向和击球点不同。相比较而言，平高球运行时的抛物线低于高远球，其仰角约为45°，球速也相对快一些。

注意起始姿势和正手发高远球保持一致，以迷惑对方。

❶ 侧身对网，两脚开立与肩同宽，左脚在前，与中线平行，右脚在后，脚尖向右，重心位于右脚。右手持拍，举于身体右后侧。左手持球，置于胸前，目视发球方向。

❷ 右手自后下向前上挥拍，同时转体，重心向前转移。

用正拍面将球击出，且拍面的仰角小于45°，球飞行弧度低于高远球。

❸ 展腕挥拍至击球点（身体右前下方）时，前臂带动手腕发力，拍面与地面的夹角小于45°。击球时动作幅度小于发正手高远球的动作幅度。

❹ 击球完毕后，右手持拍向身体左后方挥动。

球飞行高度以对方跳起无法拦截为好。击球瞬间球拍不能过手腕，球不能过腰。

■ 练习

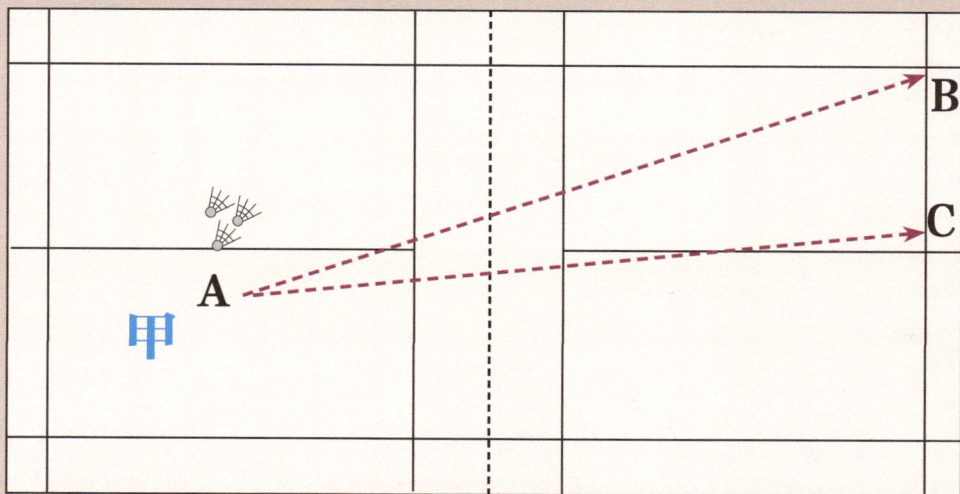

甲：位于右半场中场A处，左手附近放置一筐羽毛球，分别向对方右后场B、C两处发正手平高球。30个为一组。

反手平高球的发球姿势、动作和反手发高远球一样，区别在于发力的方向和力度不同。反手发高远球，击球时是以上臂带动前臂击球，反手发平高球，则是以前臂带动手腕击球。

① 两脚开立与肩同宽，右脚在前，与中线平行，左脚在后，脚尖向外，脚跟抬起，重心在右脚上。

② 左手持球，置于腹前腰部以下。反手持拍，拍面正对球托，拍头向下倾斜，拍面可稍稍上仰，两眼注视前方。

③ 左手放球，同时，右手以手肘为轴，前臂向后做半圆形回拉，引拍。击球瞬间，拇指前顶，小指、无名指和中指抓紧球拍，前臂迅速外旋，抖动手腕，将球击出。

其他角度连贯动作

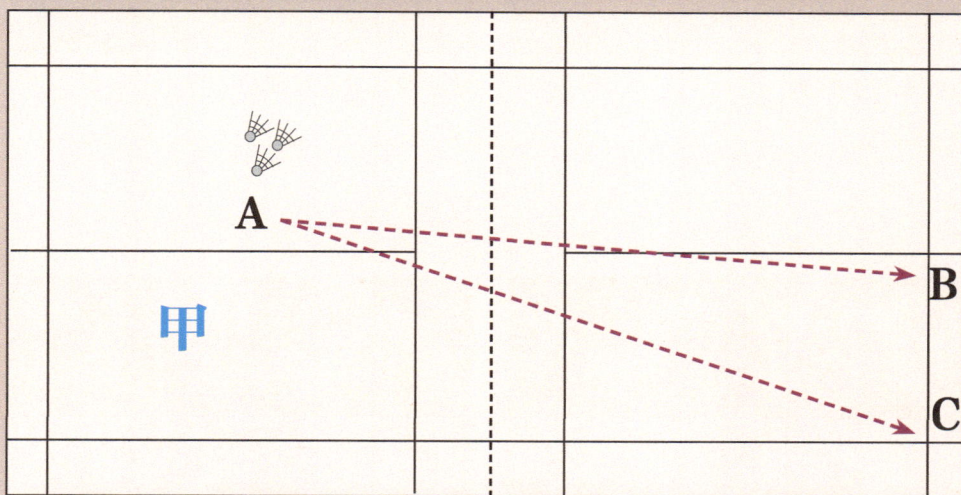

甲：位于左半场中场A处，左手附近放置一筐羽毛球，分别向对方左后场B、C两处发反手平高球。30个为一组。

发球过手 ▶

在发球过程中，击球瞬间，球拍顶端没有明显朝下，拍头没有明显低于手部，即被视为发球过手，违例。

❌ 错误动作

拍框未低于手部。

◎ 正确动作

拍框明显低于手部。

❌ 错误动作

拍头未低于手部。

◎ 正确动作

拍头明显低于手部。

错误原因：发球时，肘部没有提起，或者拍框顶端没有明显向下。

纠正：发球时，肘部提起，拍头向下，击球时球拍向前推出，而不是横向提起击球。击球点尽量靠近身体。

发球过程中，挥拍发球时动作有停顿，然后再继续进行挥拍击球。这种发球行为带有欺骗性质，使对方选手先产生错误预判，然后再改变发球方向，这种情况被视作"两次动作"违例。

第一次击球，在接触球之前动作停顿。　　然后又向另一个方向击球，将球发出。

错误原因：没有养成好的发球习惯。

纠正：在学习发球时就要注意正确的发球方法，避免以后进行羽毛球运动时不自觉地出现错误。

发球不过网 ▶

典型的发球失误，对方得分，并转换发球权。为避免这种情况发生，发球时要注意调整好拍面。

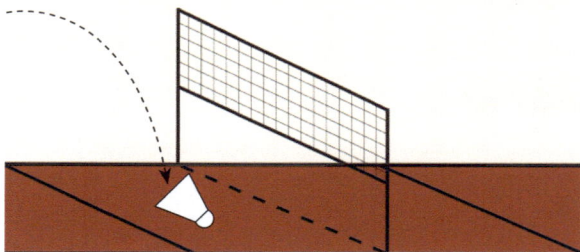

发球过程中，击球瞬间，球的任何部分高过发球员腰部，均被视为"过腰"违例。在这里，"腰"是指发球员腰带偏上的位置，并不是指确切的腰带所在的位置。发球不能过腰这一规则，主要是防止发球员在发球时击球点过高，对接发球员造成威胁。

错误原因：持球手及球拍抬得太高，而且很多时候自己意识不到。

纠正：发球前有意识地低头观察球拍位置，尽量保持手部不超过腰部。一般在手部不高于腰带的情况下，发球不会过腰。

发球实用战术

反手发球

反手发球的优点在于动作小、隐蔽性强，对方不易判断来球方向，从而使己方占有更多的主动机会。因此建议多运用反手发球。

发追身球

追身球，顾名思义就是球直接追向对方身体，指有意向对方的身体击球（尤其是上半身），迫使对方压低重心或身体向侧边躲开来接球。追身球球速快，线路又平又长，易打乱对方节奏，导致对方接发球成功率和回球质量下降。追身球发得好，发球方可直接占据主动地位。

控制发球节奏，有快有慢

发球不要总是采用同一节奏，用同样时间，这样对方会很容易掌握发球节奏，从而做好反击准备，使发球方陷于被动境地。控制发球节奏，拿起球就发，或稍作停留后再发球，使对方难以寻找规律。

发后场球

发球时突发后场球是常用的战术。后场球路线比较长，如果是高远球，则对方的回球更不具备攻击力，对发球方有利。不过发后场球也要视对方的阵型和状况而定，一般在下面这些情况下，可多发后场球：比赛刚刚开局；比分到了关键时刻；接发球者的移动速度较慢；混双时偷袭女方后场；接发球者的站位比较偏前。尤其在追分时，对方正急于扑球得分，这时可连续发后场球。

连续快速发球

在战况对己方有利，赢球势头正盛，己方频频得分的情况下，此时应加快发球的节奏，捡球、发球都要快，给对方带来压力，使其得不到喘息、调整的机会。

发反手位球

发对方反手位的球，使对方接球处于被动。无论是发短球、平高球或者高远球，都可以。

发贴近中线的平高球

这种发球很容易干扰对方的判断，让对方误以为发错区，从而直接得分或造成对方回球质量下降。不过在发这类球时，发球方也要谨慎，控制好方向，否则可能会真的发错区。

3 击球

击球时利用到身体的弹力和腿部的蹬力，才能击出好球，同时全面发展身体协调性及灵敏性，提高击球水平。

前场击球技术及训练

羽毛球场地中，从球网到前发球线的区域是前场区域。前场区域的击球技术主要有网前放球、搓球、勾球、推球等，都比较有技术含量。

放网前球：正手放网前球 ▶

放网前球也常被简称为放网，是指将对方击到己方前场、中场的球，用拍面轻击球托，使球向上弹起，过网后向下坠落至对方网前区域的击球技术。正手放网前球，就是用正手技术放网。

> 迎接来球时，右脚要上前跨出成弓步。

① 目视来球，快速移动至来球方向，右手将拍伸向右前方，上身稍稍前倾。

② 右脚向来球方向跨一大步成弓步，同时提高身体重心，前臂举向前上方，斜对球网伸向来球。

③ 准备击球时，左臂后伸，以协调右臂，右手握拍稍稍放松，前臂外旋，展腕后再收腕，用球拍切削球托，使球掉落对方网前。击球时尽量抢占高点击球。

> 上体前倾，重心在右脚。击球时左手在身后平举，起到平衡作用。

MEMO

右臂以肘部为轴，前臂外旋做半弧形运动，带动手腕先展腕再收腕，将球切削出去。

70

放网前球：反手放网前球 ▶

1 快速移动至来球方向，右手反手握拍，置于身体左侧前方，上身稍稍前倾。

2 右脚向左前方的来球方向跨一大步成弓步，同时提高身体重心，前臂举向前上方，斜对球网伸向来球，握拍手稍稍屈腕。

3 准备击球时，左手向身后自然伸展，协调动作，右手握拍稍稍收腕，用球拍切削球托，争取高点击球，使球掉落对方网前。

其他角度连贯动作

右手反手握拍，然后向右下方收腕，用收腕的力量将其切削出去。

练习

正手放网前球

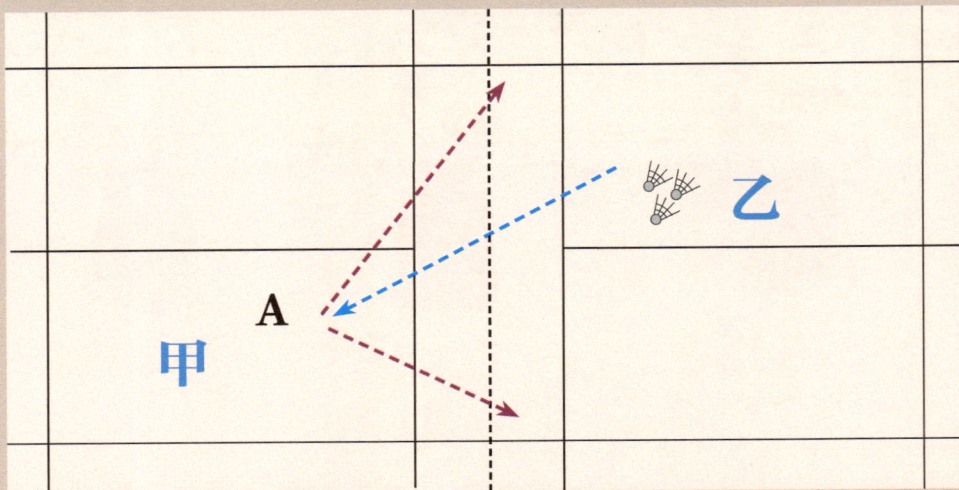

乙　甲　A

乙：采用多球练习。将球不断击向A处，球过网不要太高，使甲进行正手放网前球的练习。
甲：甲位于右前场A处，向对方前场的两个角落放出正手网前球。

反手放网前球

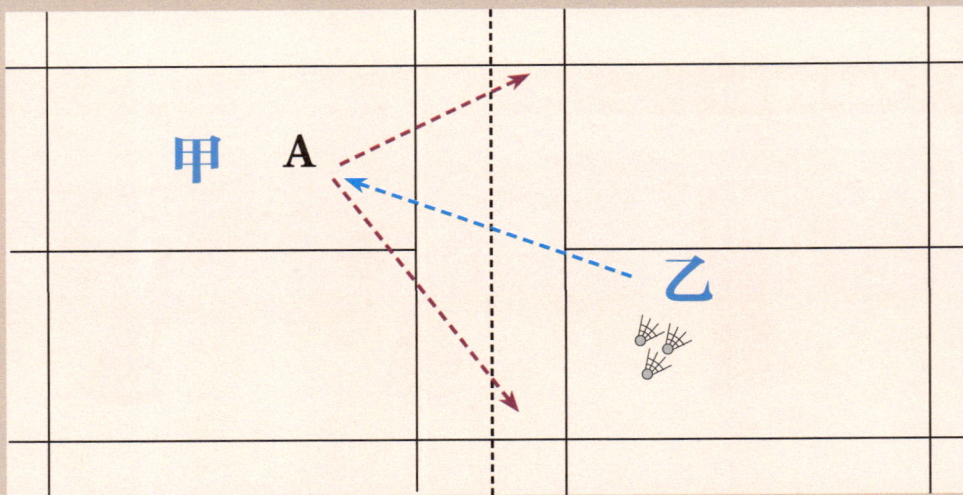

甲　A　乙

乙：采用多球练习。将球不断击向A处，球过网不要太高，使甲进行反手放网前球的练习。
甲：甲位于右前场A处，向对方前场的两个角落放出反手网前球。

注：甲方为被训练方，乙方配合甲方训练。红色箭头为甲方的击球方向，蓝色箭头为乙方的击球方向。后同。

在应对对方发过来或回击过来的网前球时，己方提前做出反应，在球刚刚越过网顶时，迅速上网，将球斜下扑压向对方场地，被称为扑球。扑球分为正手扑球和反手扑球，正手扑球是指用正手握拍进行扑球。

❶ 身体向右侧前倾，正手握拍，举于右前上方。

❷ 右脚向来球方向跨一大步成弓步，同时提高身体重心，前臂举向前上方，斜对球网伸向来球。

❸ 击球时，前臂伸直内旋，带动手腕从右向左屈腕，将球向左下方击出。如果球距网较近，可从右向左滑动球拍切击球，以免触网。击球后，右脚着地，屈膝缓冲，回收球拍于体前。

其他角度连贯动作

MEMO

1. 当来球距网较高时，可迅速向前蹬跃。
2. 当远距离扑球时，可加一个并步前跃。
3. 击球点最好位于球网上方 10 公分处。
4. 前臂伸直，内旋，带动手腕从右向左屈腕切击下压，将球击出。

扑球：反手扑球 ▶

扑球动作不宜大，多采用横向滑拍扑球。

① 身体斜向左侧前倾，反手握拍，举于左前上方。

② 准备迎接来球，身体向左前方跃起，球拍随着前臂向前伸举，手腕外展，拇指顶压在拍柄上，食指和其他三指并拢，蓄力。

③ 击球时，前臂伸直外旋，并带动手腕外展，拇指顶压，挥拍扑球；如果来球太接近于网顶，手腕可外展，从左向右滑切球，避免球拍触网。

其他角度连贯动作

MEMO

1. 握拍不要太死，否则挥拍不灵活，扑球时手腕和手指僵硬，从而变成用肩部和肘部的力量来扑球，容易失误。

2. 扑球之后身体的制动要及时，否则容易在未成"死球"之前造成触网违例。

手部动作放大展示

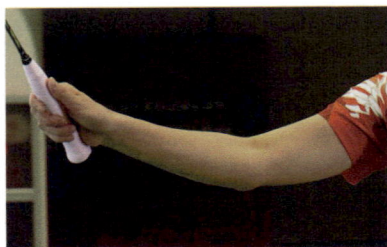

前臂外旋，手腕外展，用拇指顶压的力量和手腕外展的力量将球击出。

74

正手扑球：

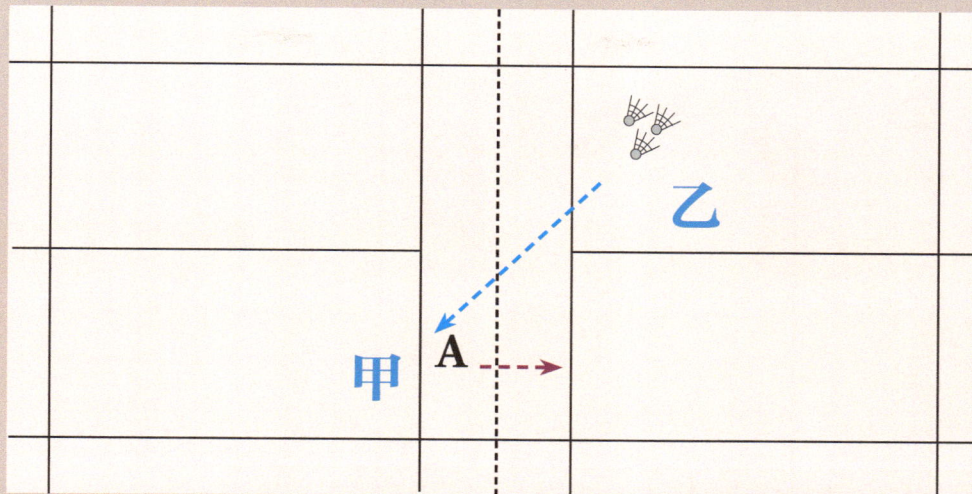

乙：采用多球练习。不断将球发向A处，球的线路由下向上过网，配合甲进行正手扑球的练习。
甲：甲位于右前场网前A处，向对方前场网前回击正手扑球。

反手扑球：

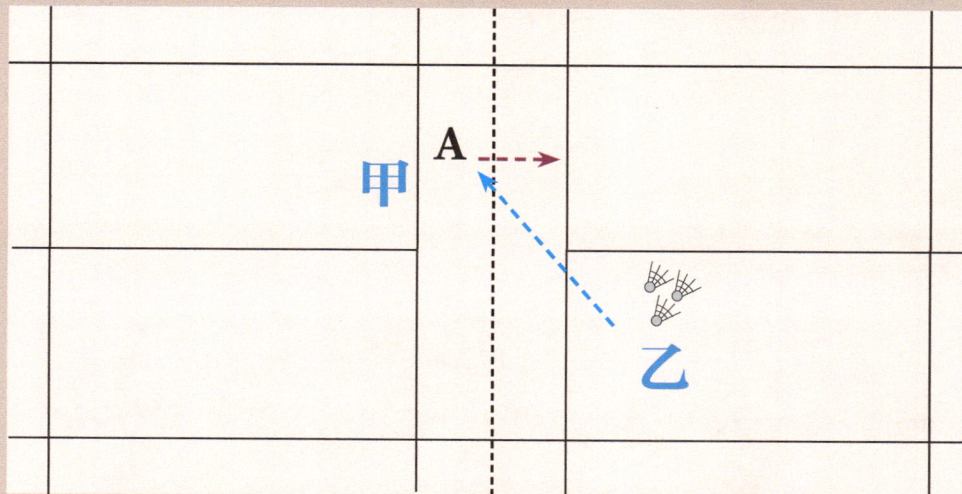

乙：采用多球练习。不断将球发向A处，球的线路由下向上过网，配合甲进行反手扑球的练习。
甲：甲位于左前场网前A处，向对方前场网前回击反手扑球。

搓球，是指用球拍搓击羽毛球球托的左下侧或右下侧，使球向右侧旋转或左侧旋转，翻滚球过网的击球技术。搓球分正手搓球和反手搓球。

❶ 向右侧身对网，右脚向前迈一步，正手握拍。

❷ 右脚上迈，右臂向右上方伸直，球拍随着前臂向右上方斜举。球拍举至最高点时，手腕稍内收，拍头稍向下，拇指、食指夹拍，其余三指轻握拍柄。左臂自然向后伸展，起到平衡作用。

❸ 以肘部为轴心，前臂向外旋转，先收腕再展腕，击球托右下侧部位，将球搓出，这样搓出的球向下旋转。（或者先展腕，再收腕，以斜拍面切击球托左后侧部位，这样搓出的球，呈上旋状态翻滚过网。）

其他角度连贯动作

搓球：反手搓球 ▶

① 侧向站立，右脚在前，左脚在后，反手持拍，手臂自然伸向左前方。

② 右脚上前呈弓步，前臂稍往上举，手部约与网同高。左臂向后自然伸展，保持动作平衡。

③ 重心向前转移，手腕前屈，拍头稍稍下沉，用反拍面迎球。掌心和拍柄之间留有空隙，方便手指发力。

④ 看准来球，前臂前伸内旋，收腕，合力搓击球托，使球侧旋滚动过网。

◎ 球的运行轨迹

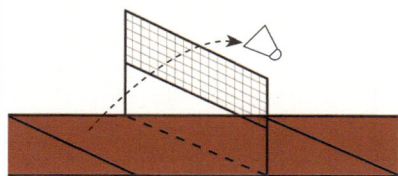

击球方法：
前臂内旋，收腕，合力将球搓出。

— MEMO —

球拍和掌心之间留有一定空隙，不要握死。食指和中指稍微分开。击球过程中，手腕不要太紧张，保持放松。

多球搓球练习:

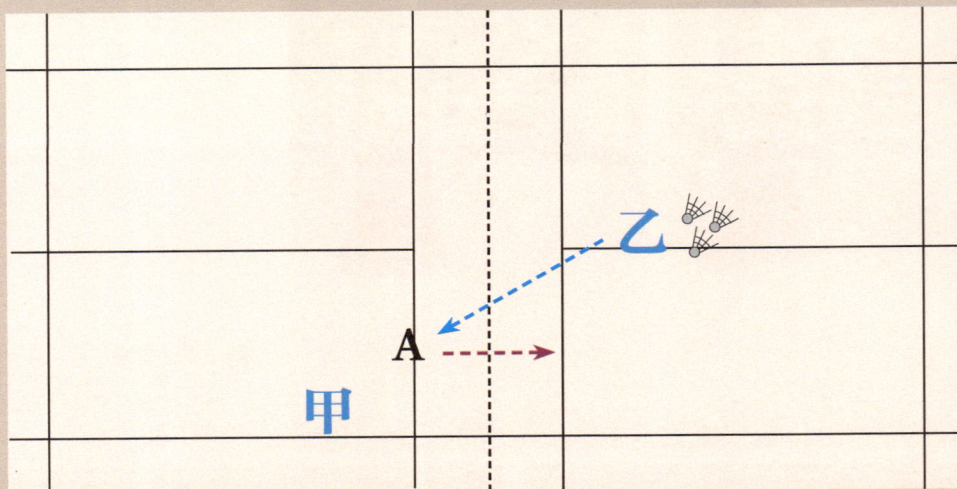

乙:将球不断击向A处,并且球过网不宜高,使甲在基本不移动的情况下,进行正手搓球的练习。

甲:位于右场网前A处,向对方网前回击正手搓球。

一组训练结束后,可用同样方法进行反手搓球练习。

正、反手互相搓球:

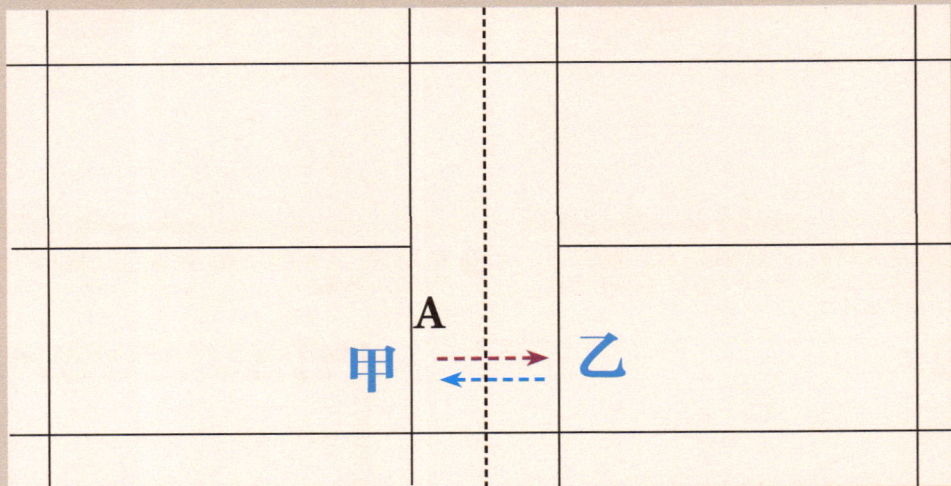

两人互搓网前球进行练习,一个正手,一个反手。一组训练结束后,两人交换正反手,继续练习。有一定基础后,用该方法练习效率更高。

勾球，就是把在己方右边的网前球击到对方右边网前，或者把己方左边的网前球击到对方左边网前去的技术动作。勾球分正手勾球和反手勾球。

① 侧身对右场网前，右脚在前，右膝微屈，右手正手握拍，自然置于体前。

② 右脚向来球方向前跨一步，右臂前伸，前臂向上举拍，提高身体的重心。球拍斜对球网，迎接来球。

③ 击球时，前臂向身体左侧内旋，手腕内收，闪腕挥拍，拨击球托右侧下部，使球沿对角方向坠落至对方网前（注意击球时拍面的变化，是由平变竖的过程）。

其他角度连贯动作

MEMO

1. 左臂向左后方自然伸平，平衡动作。
2. 争取提高击球点。
3. 击球时的手腕动作要轻巧一些。
4. 击球时拍面由平变竖。
5. 前臂内旋，手腕内收，闪腕挥拍。用力"拨击"球托。

◎ 球的运行轨迹

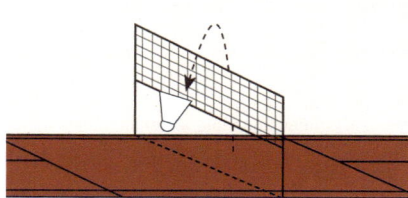

击球方法：
前臂内旋，收腕，闪腕将球拨出。

勾球：反手勾球 ▶

手腕放松，击球时手指发力。

握拍时，手掌心和拍柄之间有一定缝隙。

❶ 站在左侧网前，右脚在前，反手握拍自然前举。

❷ 右脚前迈，身体重心前移，球拍随手臂下沉，距离网顶约20厘米。这一过程保持手腕、手指放松。

❸ 当来球过网时，肘部突然下沉，向回拉，同时前臂外旋，手腕稍屈。

❹ 然后再闪腕，拇指内侧和中指把拍柄往右侧推送，其他手指突然握紧拍柄，拨击球托，使球沿对角线方向飞越过网。

🎯 **球的运行轨迹**

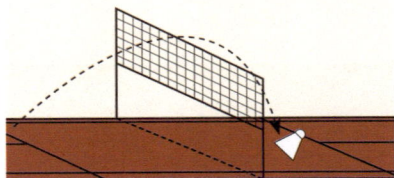

击球方法：前臂内旋，收腕，闪腕拨球。

— MEMO —

1. 肘部回拉，前臂外旋，闪腕，大拇指内侧向右拨送击球，发力击球，而非向前发力。
2. 球拍接触球时，和球最好保持垂直关系，如果斜切太多，球容易打远，出界。

正手勾球：

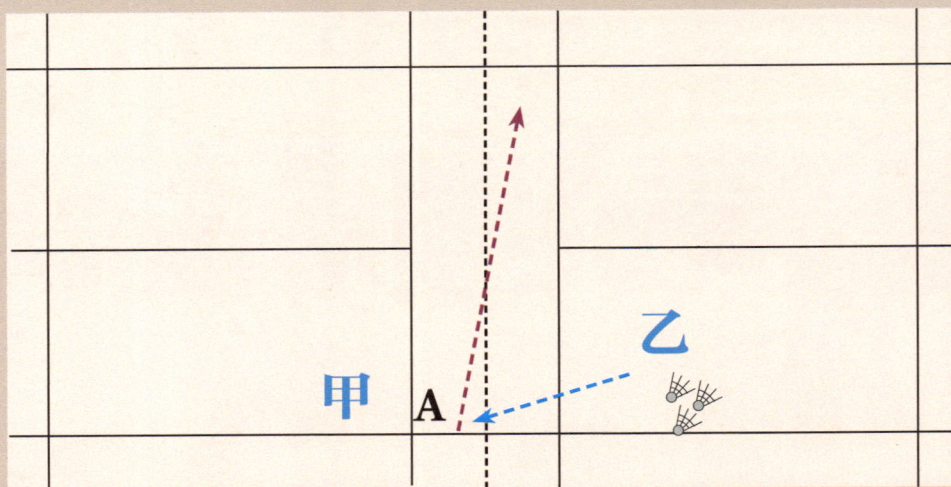

乙：可采用多球练习。不断将球发向A处，使甲在基本不移动的情况下，进行正手勾球的练习。
甲：甲位于右前场网前A处，向对方右前场网前回击正手勾球。

反手勾球：

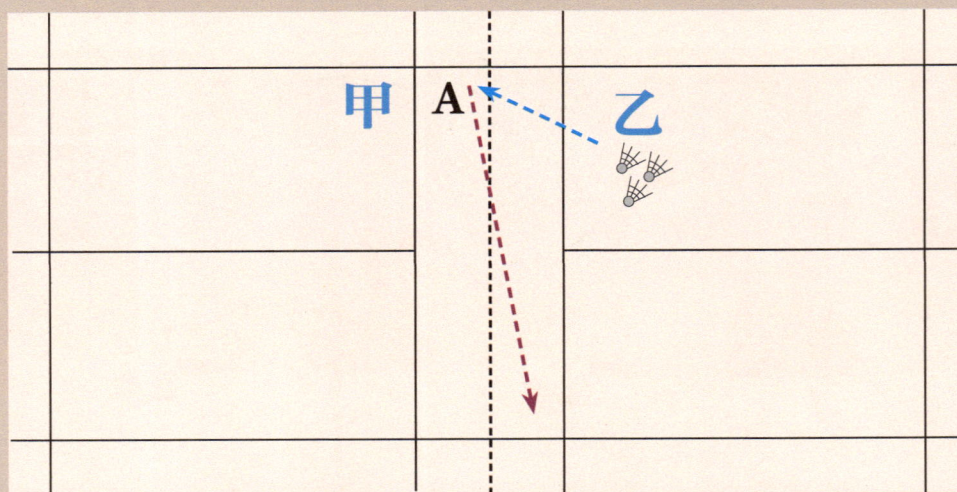

乙：可采用多球练习。不断将球发向A处，使甲在基本不移动的情况下，进行反手勾球的练习。
甲：甲位于左前场网前A处，向对方左前场网前回击反手勾球。

对方击至前场的来球位置较高时，可用速度快、弧度平的推球技巧将球推击到对方后场左右两个角落。推球是攻击对方后场的一种富有进攻性的技术。推球分正手推球和反手推球。

1 站在右侧网前，右手正手握拍，球拍向右前侧自然上举。右膝微屈，重心位于两脚前脚掌。

2 准备迎球，右脚向右前迈出呈弓步，左手后展，右手向右前上方举拍，拍面正对来球。

不要用肩和上臂发力，要用手腕和手指结合发力。

推球的时候，球拍是立起来的。

前臂内旋，手腕向后伸直，然后闪腕将球击出。

3 推球时，小指和无名指稍松开，使拍面更为后仰，手腕、手指控制拍面角度。然后前臂内旋，同时手腕伸直并闪腕，将球击出，使球飞向对方后场底角。闪腕时，食指向前压，小指和无名指突然握紧拍柄。

拇指顶拍柄，手掌心和拍柄之间有空隙。

❶ 侧身站于左网前，右脚在前，左脚在后，右手反手握拍，向身体左前方举起。

❷ 迎球时，肘关节微屈，稍向左胸前引拍，球拍松握，手腕外展，用反拍面迎球。

手指、手腕结合发力。

❸ 击球时，以手肘为轴心，前臂前伸，外旋，手腕外展伸直，闪腕击球，使球向对方后场角落飞去。闪腕时，拇指前顶，中指、无名指和小指突然握紧拍柄。

其他角度连贯动作

正手推球：

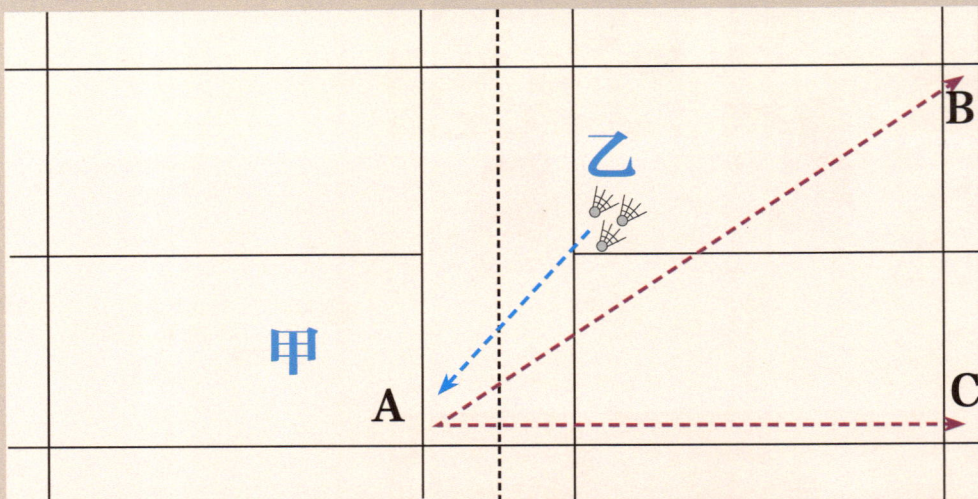

乙：可采用多球练习。不断将球发向A处，球过网不宜低，使甲在基本不移动的情况下，进行正手推球的练习。
甲：甲位于右前场网前A处，向对方底线两角B、C处回击正手推球。

反手推球：

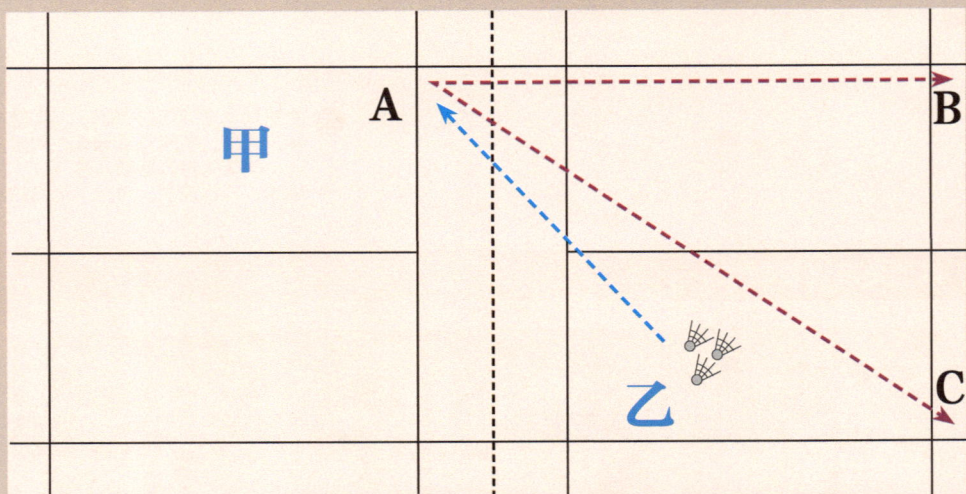

乙：可采用多球练习。不断将球发向A处，球过网不宜低，使甲在基本不移动的情况下，进行反手推球的练习。
甲：甲位于左前场网前A处，向对方底线两角B、C处进行反手推球。

挑球是在对方击来吊球或网前球，而己方又比较被动时，不得已将球挑高回击到对方后场去的一种技术，属于防守型技术。挑球分正手挑球和反手挑球。

❶ 面向球网站立，右脚在前，左脚在后。右手正手握拍，举在胸前。

❷ 右脚向前跨出一大步，身体重心向前转移，同时右臂向后摆，向后自然伸腕，使球拍后引。

❸ 然后以肘关节为轴，前臂内旋带动手腕，用食指和手腕的力量，将球向前上方击出。

根据来球的远近调节拍面的击球方向。如果来球距网较远较高，拍面可稍稍后仰挑球；如果来球距网较近较低，拍面要充分后仰，接近向上来击球。

其他角度连贯动作

❶ 正面站在左边球网前面，右脚在前，左脚在后。右手反手握拍举在胸前。

❷ 准备迎球，右脚向左前方迈出一大步，重心前移。前臂下压，曲肘引拍，使球拍反面正对来球方向。

由下向上挥拍。挥拍动作比正手挑球要快一些。

❸ 以肘关节为轴，反手握拍，经体前由下往上挥拍，拇指前顶，展腕，将球向前上方击出。

其他角度连贯动作

■ 练习

正手挑球：

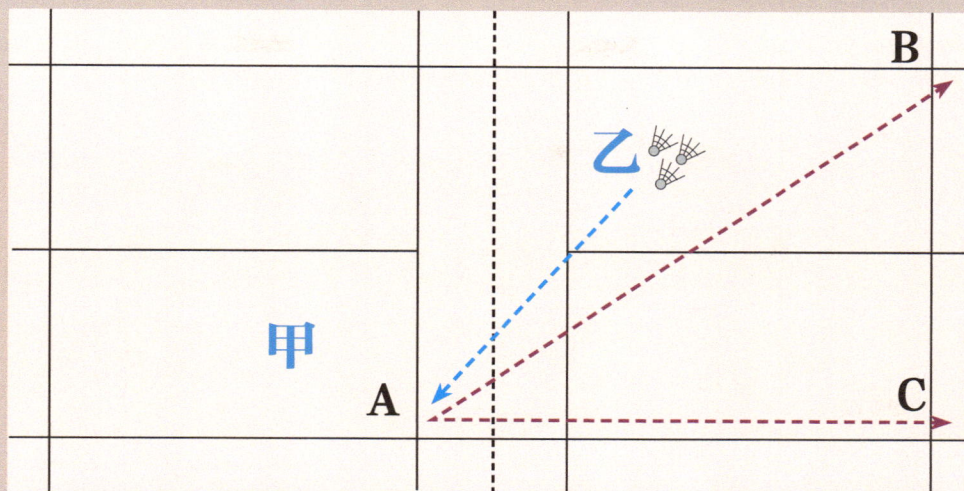

乙：采用多球练习。不断将球发向A处，球的落点不宜高，使甲在基本不移动的情况下，进行正手挑球的练习。
甲：位于右前场网前A处，向对方场地底线两角B、C处回击正手挑球。

反手挑球：

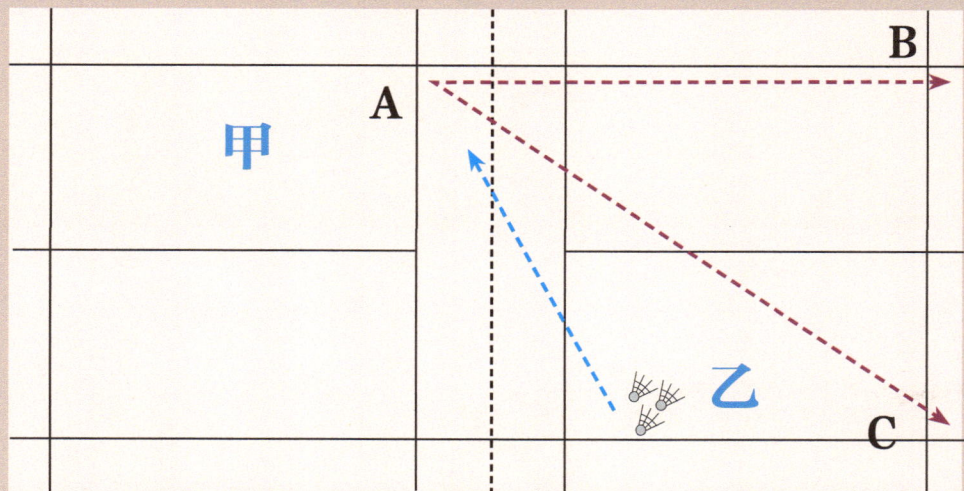

乙：采用多球练习，不断将球发向A处，球的落点不宜高，使甲在基本不移动的情况下，进行反手挑球的练习。
甲：位于左前场网前A处，向对方场地底线两角B、C处回击反手挑球。

89

中场击球技术

挡网前球：正手挡直线网前球 ▶

挡网前球是针对对方杀球的一种技术。当对方的杀球来势凶猛，力量很大时，己方可借助来球力量，合理运用手腕、手指动作，反弹式地将球回击到对方前场。

① 用接杀球步伐移至右场边线。

② 身体右倾，手臂右伸，前臂外旋，手腕外展。

③ 击球时，前臂内旋稍翻腕带动球拍由右向前方推送击球，把球直线挡向网前。

1 挥拍击球时，在肘
关节屈收的同时前
臂稍内旋。

2 手腕由后伸到内
收快速闪动击球
托右侧。

3 击球点在右侧前，手腕、手指控制拍
面角度，使球向对角线网前坠落。

正手挡直线网前球：

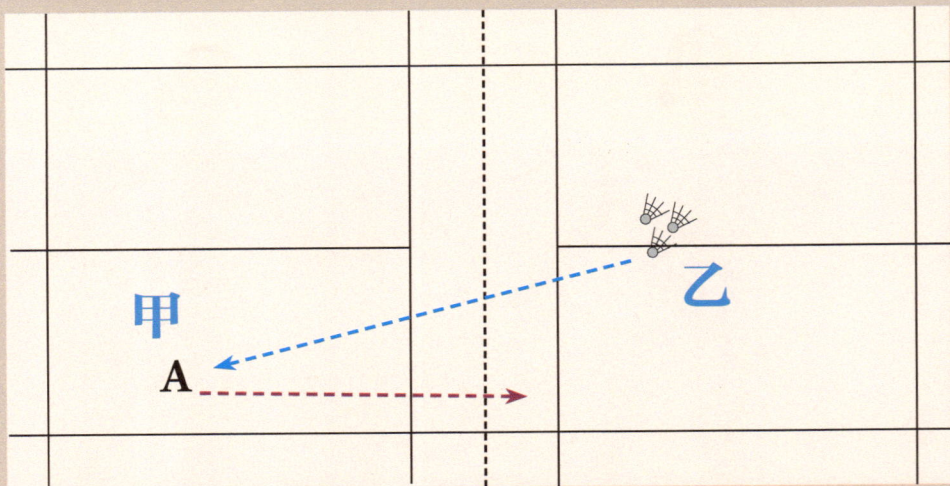

乙：可采用多球练习。不断将球击向A处，球的落点不宜高，使甲在基本不移动的情况下，进行正手挡直线网前球的练习。
甲：位于右后场中场接近边线的A处，向对方场地回击正手直线网前球。

正手挡斜线网前球：

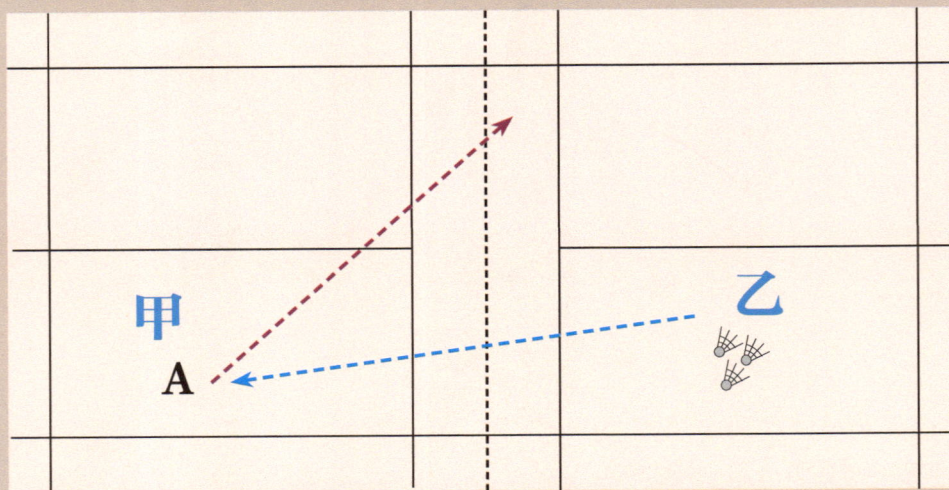

乙：可采用多球练习。不断将球击向A处，球的落点不宜高，使甲在基本不移动的情况下，进行正手挡斜线网前球的练习。
甲：甲位于右后场中场接近边线的A处，向对方场地回击正手斜线网前球。

1 同正手，也是多适用于接杀球，接球前用接杀球的步伐移至左场边线。

2 身体左转前倾，右肩对网，右肘弯曲，手腕外展，引拍至左肩前上方。

3 击球时，借对方来球的冲力，以前臂带动球拍由左上方向左前方用拇指的顶力挥拍轻击球托，把球直线挡回网前。

❶ 准备迎球，右脚向左前方快速蹬地转髋，同时快速向左后方引拍。

❷ 脚落地的同时，前臂带动手腕，由左前方向网前挥拍，拍面与地面垂直，与网面的夹角小于90°，将球击回对方左前半场。

其他角度连贯动作

挥拍前，手腕和肘关节保持放松，挥拍时，手臂向后牵引，用手腕和手指的力量击球。

反手挡直线网前球：

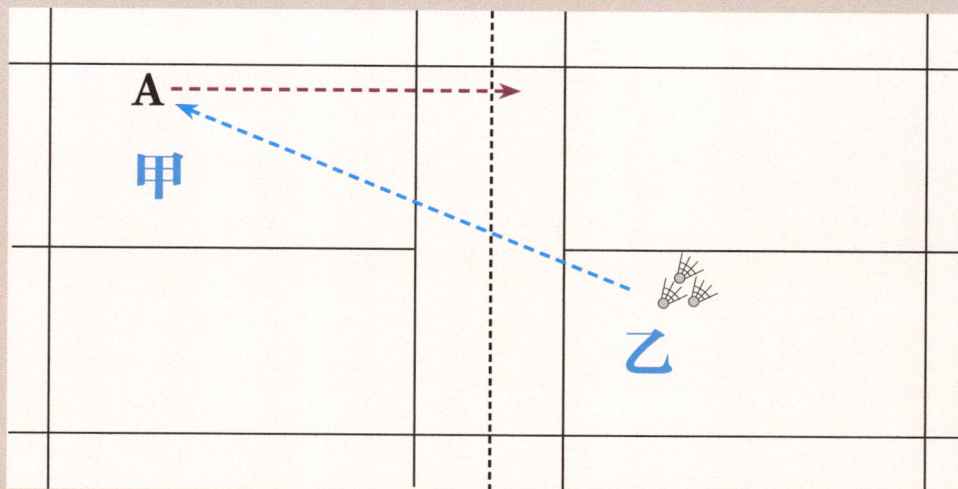

乙：可采用多球练习。不断将球击向A处，球的落点不宜高，使甲在基本不移动的情况下，进行反手挡直线网前球的练习。
甲：甲位于左后场中场接近边线的A处，向对方场地回击反手直线网前球。

反手挡斜线网前球：

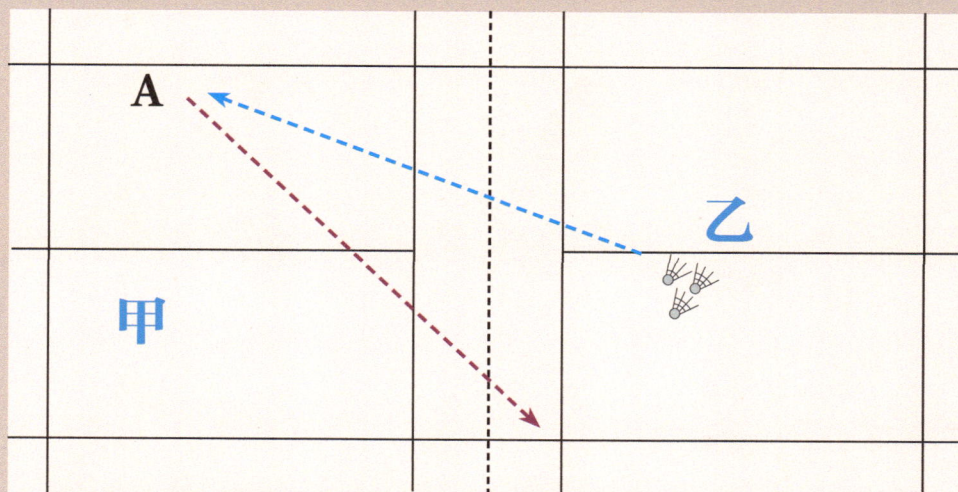

乙：可采用多球练习。不断将球回击向A处，球的落点不宜高，使甲在基本不移动的情况下，进行反手挡斜线网前球的练习。
甲：甲位于左后场中场接近边线的A处，向对方场地回击反手斜线网前球。

① 站在右场区中部，两脚平行开立稍宽于肩，重心在两脚间，微屈膝收腹，正手握拍举于右肩前。

② 击球前肘关节后摆，上臂抬起，前臂外旋，手腕外展，引拍于体侧。

③ 击球时，前臂内旋，手腕伸直闪腕，手指握拍柄，球拍由右后方向右前方高速平扫，抽击来球。

① 站在左场区中部，两脚平行开立稍宽于肩，重心在两脚间，微屈膝收腹，正手握拍举于右肩前。

② 准备迎球，右脚呈弓步迈向左前方，肘部稍上抬，前臂内旋，手腕外展，引拍至身体左侧。

③ 髋部右转，带动前臂外旋，手腕稍内收，闪腕将球击向对方后场。

正手抽球：

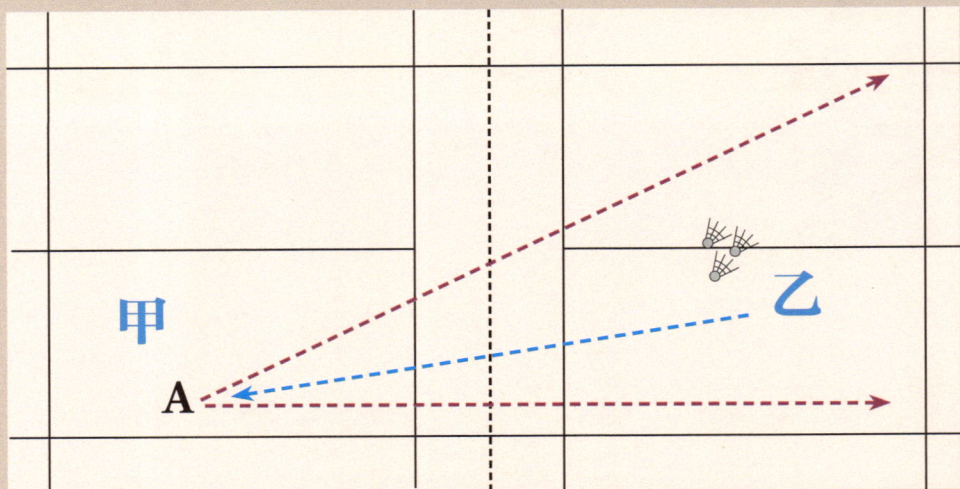

乙：可采用多球练习。不断将球击向A处，球的落点不宜高，使甲在基本不移动的情况下，进行正手抽球的练习。

甲：甲位于右后场中场接近边线的A处，向对方场地正手抽球。

反手抽球：

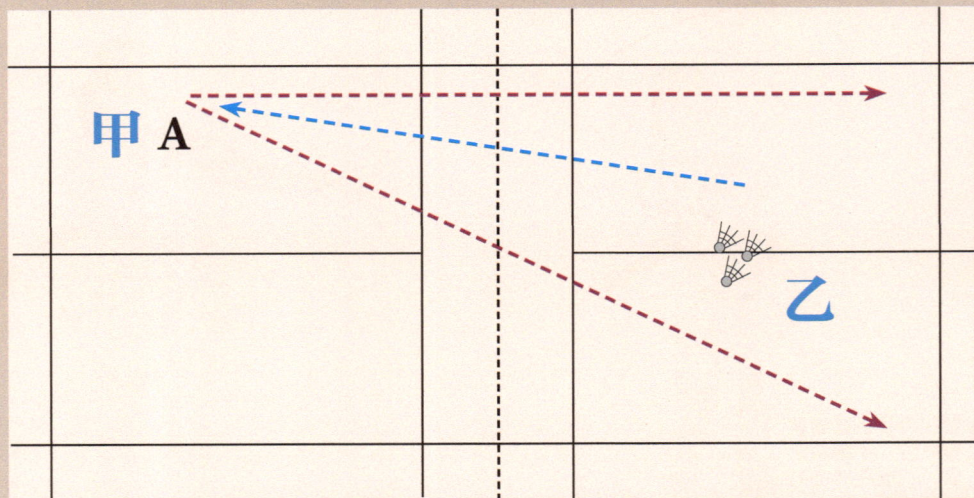

乙：可采用多球练习。不断将球击向A处，球的落点不宜高，使甲在基本不移动的情况下，进行反手抽球的练习。

甲：甲位于右后场中场接近边线的A处，向对方场地反手抽球。

后场击球技术

高远球：正手击直线（斜线）高远球 ▶

① 身体向右侧身对网，左脚在前，右脚在后，重心位于右脚；左肩斜对网，左手自然上举，保持平衡；右手正手持拍，屈肘上举于头顶右上方，目视来球方向。

② 准备击球时，向左转体转髋，同时上臂上抬，前臂后伸，引拍于身后。

③ 击球时，前臂外旋，再急速内旋，带动手腕加速向前上方挥拍，屈腕，带动手指用力，用正拍面将球击出。如果用拍面击来球球托的右下方，则球会沿对角线方向飞行，则变为击斜线高远球。

④ 击球完毕后，球拍随势挥至身体左下方。

① 两脚开立，双膝微屈，正对网站立，右手正手持拍，自然举于体前，目视来球方向。

② 准备迎球，左脚向左后方迈出，身体向左转体转髋，身体背对球网，重心移至右脚，同时右手正拍变为反拍，向左后方引拍。

③ 击球时，肘部上抬，带动前臂急速外旋，展腕，拇指和手腕发力，将球击向对方后场。如果用拍面击来球球托的左下方，则球会沿对角线方向飞行，从而变为击斜线高远球。

④ 击球完毕后，球拍随势挥至身体右上方。

① 身体向右侧身对网，左脚在前，右脚在后，重心位于右脚，左肩正对网，左手自然上举，保持平衡；右手正手持拍，屈肘上举于头顶，目视来球方向。

② 准备迎球时，向左转体转髋，同时上臂上抬，前臂后伸，引拍于身后。击球点一般在左肩或头顶左后上方。

③ 击球时，右脚蹬地，转体转髋收腹，上臂带动前臂，急速内旋，幅度大于正手击高远球；同时屈腕运用拇指、食指顶压发力。如果击球托左下方，则球沿对角线方向飞行，变为头顶击斜线高远球。

④ 击球完毕后，球拍随势挥至身体左下方。

正手击高远球

乙：可以多球训练。乙不断将球击向A处，使甲在基本不移动的情况下，进行正手击直线、斜线高远球的练习。

甲：位于右后场接近边底线的A处，分别向对方场地底线的两个落点B、C击直线高远球、斜线高远球。20个球为一组。

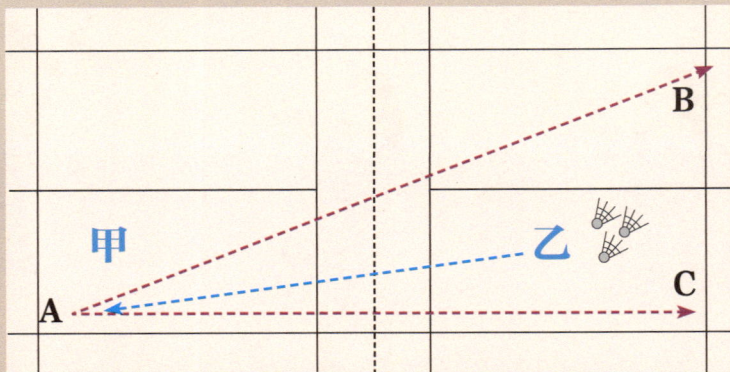

反手击高远球

乙：可以多球训练。乙不断将球击向A处，使甲在基本不移动的情况下，进行反手击直线、斜线高远球的练习。

甲：位于左后场接近边底线的A处，分别向对方场地底线的两个落点B、C击直线高远球、斜线高远球。20个球为一组。

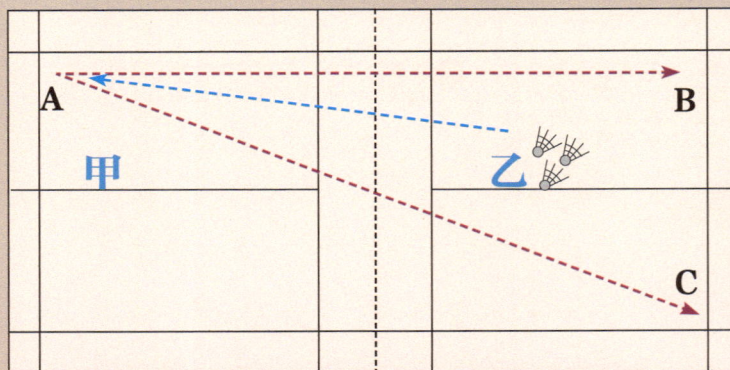

正手头顶高远球

乙：可采用多球练习。将球不断地击向A处，配合甲进行正手头顶高远球的练习。

甲：位于左后场，来球落点位于A处，甲视来球位置退向左后场A处，将球击向对方底线位置，然后再回归中场位置。

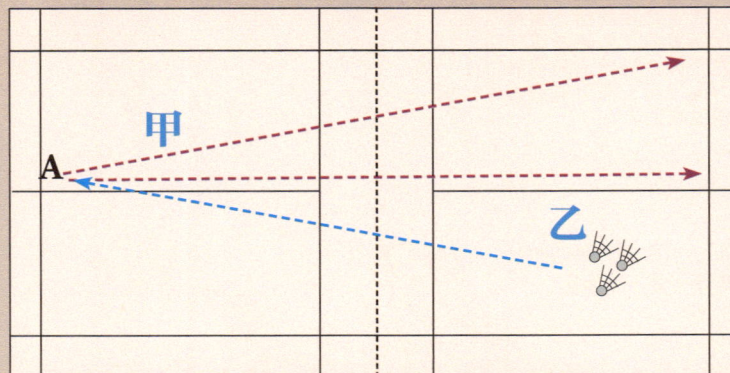

吊球是指把对方击来的高球，用较轻的力度，从后场轻击、轻切或轻劈到对方的网前附近的击球技术。从手法上，吊球可分为正手吊球、反手吊球、头顶吊球（其中每项都包括直线、斜线）；从球拍击球的角度，可分为劈吊、滑板吊等。

❶ 准备姿势和正手高远球的姿势一样，身体右侧向站立，左肩对网，右脚在后，左脚在前，右手正手握拍，屈肘，举拍于体侧。左手自然上举，保持身体平衡，目视来球方向。

❷ 目视来球方向和高度，向身体右后方引拍，做好迎球准备。

❸ 击球时，身体迅速向左转体转髋，上臂带动前臂向前上方挥拍，手臂不发力，手腕轻微发力，球拍对准球头，做划、切或轻打的动作，使球飞向对方网前附近。若想吊直线球，以正拍面切削球托下方，向前方挥拍；若想吊斜线球，球拍切削球托右侧，向左下方挥拍。

— MEMO —

1. 吊球的准备动作中，必须首先进行转体侧位站，使对方不能判断出你吊球的意图。（侧位站可进行多种方式的击球）
2. 吊球，要保证高球、吊球、杀球的一致性。
3. 击球不要太用力，否则球的落点会较远或较高，质量不高。

① 侧对球网站立，两脚开立，双膝微屈，右手正手握拍，自然举于身体右前方，目视来球方向。

② 视来球方向，右脚迅速迈向左后方，转体转髋，同时右手正手握拍变反手握拍，抬右肘，右手迅速向身体左下方引拍迎球。此时注意，反手握拍，拇指要顶着拍柄较窄的面，对着球拍的竖立面，这样既可以做直线吊球，也可以做斜线吊球。

肘部上抬，前臂外旋，带动手腕、手指发力。发力不宜过大。

③ 视来球方向，迅速向右转体，肘部上抬，前臂外旋，带动手腕、手指发力。击球后手臂动作不宜过大，以 V 字形为好，过大则容易造成肩膀损伤。若想吊直线球，以正拍面切削球托下方；若想吊斜线球，球拍切削球托左侧，向右下方挥拍。

— MEMO —

1. 击球时，球拍和胳膊之间呈 V 字形，才能保证击球后球飞行的路线是朝下方的。
2. 击球时，可以先做短暂停顿，然后继续挥拍击球，可以更好地找准击球点。

劈吊又称为快吊，是指将对方击来的后场高球，以回击高远球和杀球相结合的技术，将球回击到对方网前的击球技术。相对于正手吊球来说，劈吊的初始动作幅度稍大，更类似于杀球，但挥拍线路不一致。

1 身体保持侧立，左肩对网，双脚开立，与肩同宽。右手正手握拍，屈肘，保持胸部舒展，举拍于体侧。左手自然上举，保持身体平衡。

2 准备迎球时，向左转体转髋，持拍手向后引拍，手肘朝上，球拍位于颈后。

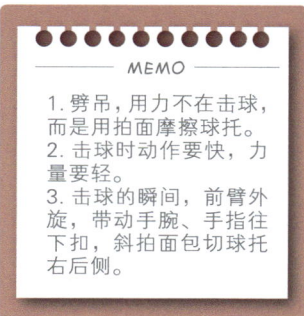

3 向前引臂击球，手臂向上挥至最高点，前臂外旋，带动手腕、手指往下扣，球拍向右前方滑动，斜拍面切球托右后侧，使球向前向下方飞行。击球后，球拍顺势挥至身体左下方。

MEMO

1. 劈吊，用力不在击球，而是用拍面摩擦球托。
2. 击球时动作要快，力量要轻。
3. 击球的瞬间，前臂外旋，带动手腕、手指往下扣，斜拍面包切球托右后侧。

正手吊球（正手吊直线、斜线）

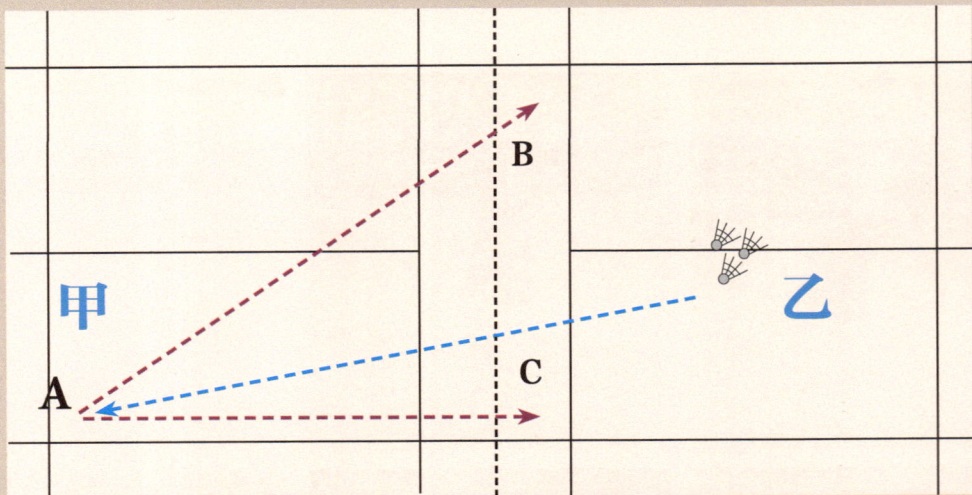

乙：采用多球训练，乙不断向A处挑高球，使甲在基本不移动的情况下，进行正手直线吊球、正手斜线吊球的练习。

甲：位于右后场接近边底线的A处，分别向对方场地网前的两个落点B、C处击出正手直线吊球、正手斜线吊球。20个球为一组。

注：劈吊也可以用此训练模式。

反手吊球（反手吊直线、斜线）

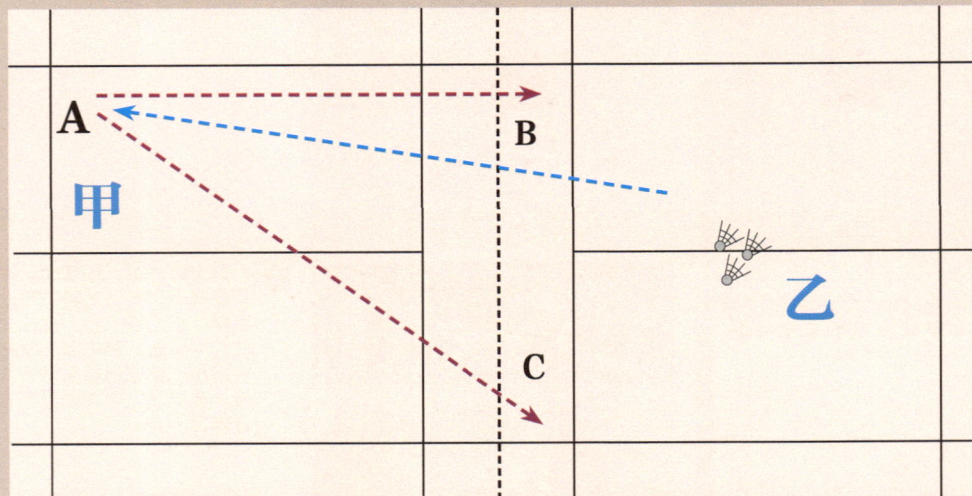

乙：采用多球训练，乙不断向A处挑高球，使甲在基本不移动的情况下，进行反手直线吊球、反手斜线吊球的练习。

甲：位于右后场接近边底线的A处，分别向对方场地网前的两个落点B、C处击出反手直线吊球、反手斜线吊球。20个球为一组。

杀球的击球点比高远球的击球点要低，有时来球位置较高时，球员一般会起跳杀球，目的就是降低击球点。杀球有正手杀球、反手杀球、头顶杀球（都有直线、斜线的区分）等。

1 身体保持侧立，左肩对网，双脚开立，与肩同宽。右手正手握拍，屈肘，保持胸部舒展，举拍于体侧。左手自然上举，保持身体平衡。

2 迎球时，提前移动到球的右后方，身体后仰挺胸，右臂摆向身后，抬肘，前臂后伸，引拍于身后，并带动球拍于身后，这时握拍要松。

3 击球前，手臂保持充分放松，击球时，前臂外旋快速往前上方挥动，同时急速内旋，带动手腕闪腕击球，击球要有爆发力。杀直线球，球拍向正前下方发力；杀斜线球，以拍面击球托右侧，使球向左前下方飞去。

MEMO

1. 杀球的击球点，比高球的击球点要低点，这样有助于球向下压。
2. 杀球点尽量位于人体前方，否则发力会比较困难。

◎ **球的运行轨迹**

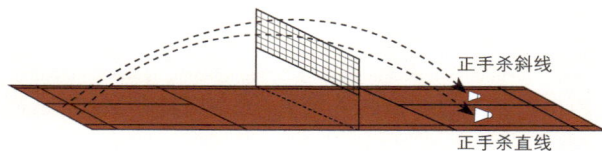

正手杀斜线

正手杀直线

击球方法：
击球瞬间，前臂外旋，再急速内旋，闪腕击球。

杀球：反手杀球（反手杀直线、反手杀斜线）▶

反手杀球，关键在于如何制造出强劲的杀球力量，控制杀球的下压弧线和方向。你要注意这几个关键环节：出拍拍面角度、挥拍轨迹、击球节奏。

1 侧对球网站立，两脚开立，双膝微屈，右手正手握拍，自然举于身体右前方，目视来球方向。

2 准备迎球时，身体左转，向左后方跨步，肘部抬起，上臂和前臂保持一定的夹角（约45°），手腕立起，正手握拍变成反手握拍。

3 右脚蹬地，腰腹发力，收紧后背，上身略向右转动，同时上臂带动前臂，外旋变内旋，快速闪动击球。杀直线球，击球瞬间拍面向正前下方压；杀斜线球，击球时拍面向斜向右前方下压。

MEMO

反手杀球时，场地空当会比较大，因此杀球点不能太靠后。而且杀球点过于靠后的话，反手杀球的力量也会减弱很多。

⊙ 球的运行轨迹

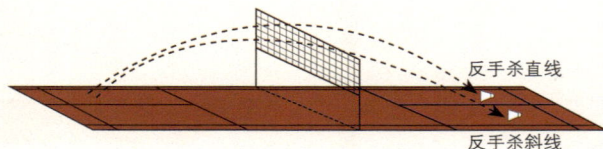

反手杀直线

反手杀斜线

击球方法：
上身向右旋转，上臂带动前臂，由外旋至内旋，快速闪动击球。

108

劈杀是羽毛球常用杀球技术之一，速度快，弧线陡，具有突击性，往往使对方措手不及，常常能达到一招制敌的效果。

❶ 侧身左肩对网，两脚开立，与肩同宽，右手正手握拍，屈肘举拍于体侧，保持胸部舒展。左手自然上举，保持身体平衡。

❷ 准备迎球起跳，起跳时身体后仰挺胸，身体呈反弓形。右臂挥拍摆向身后，这时握拍要松。

❸ 接球时身体前倾。看准来球方向，右臂向上挥拍，这时握拍要紧。

❹ 用球拍的斜拍面切击球托，发力击球。击球时，手指突然抓紧拍柄，手腕的爆发力集中在击球点上。如果想改变球的飞行路线，可适当改变转体的程度和球拍的角度。

━━━ MEMO ━━━

1. 正手劈杀和正手杀球相比，前面的动作一样，只是在击球瞬间要用斜拍面切击球托。
2. 击球时，要用球拍面切削球托。

🎯 **球的运行轨迹**

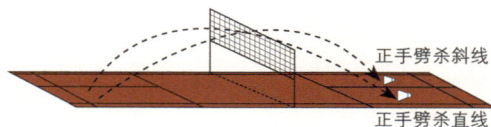

正手劈杀斜线
正手劈杀直线

击球方法：
右臂外旋高举，然后内旋，带动手腕，闪腕击球，要有爆发力。

正手杀球（正手杀直线、正手杀斜线）

乙：采用多球训练，乙不断向A处挑出高球，使甲在基本不移动的情况下，进行正手直线杀球、正手斜线杀球的练习。

甲：位于右后场接近边底线的A处，分别向对方中场两边线的两个落点B、C处击出正手直线杀球、正手斜线杀球。20个球为一组。

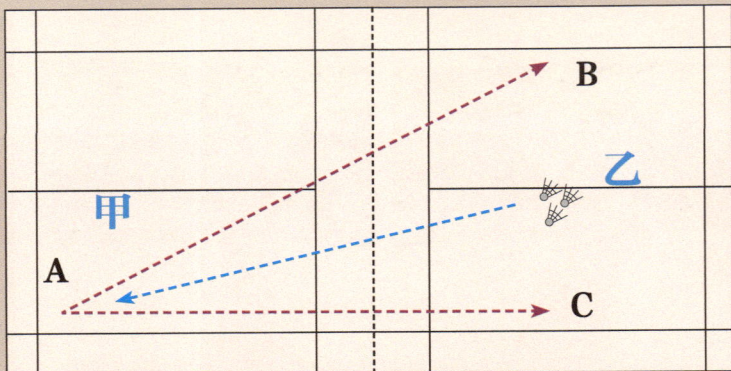

反手杀球（反手杀直线、反手杀斜线）

乙：采用多球训练，乙不断向A处挑出高球，使甲在基本不移动的情况下，进行反手直线杀球、反手斜线杀球的练习。

甲：位于左后场接近边底线的A处，分别向对方中场边线的两个落点B、C处击出反手直线杀球、反手斜线杀球。20个球为一组。

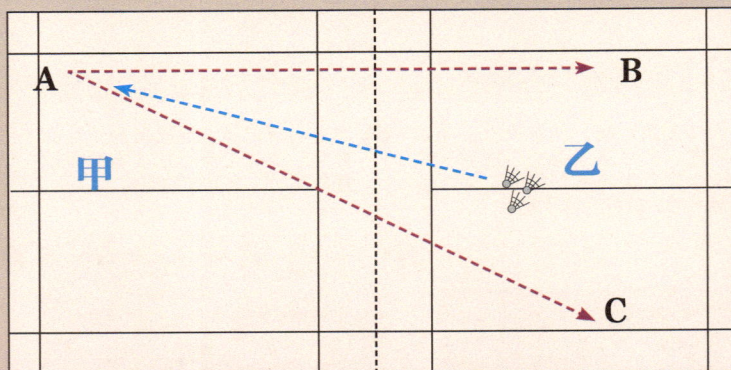

正手劈杀（正手劈杀直线、正手劈杀斜线）

乙：可采用多球练习。乙不断将球挑向A处，使甲在基本不移动的情况下，进行正手劈杀直线球、正手劈杀斜线球的练习。

甲：甲位于右后场接近边底线的A处，分别向对方场地的两个落点B、C回击正手劈杀直线球、正手劈杀斜线球。

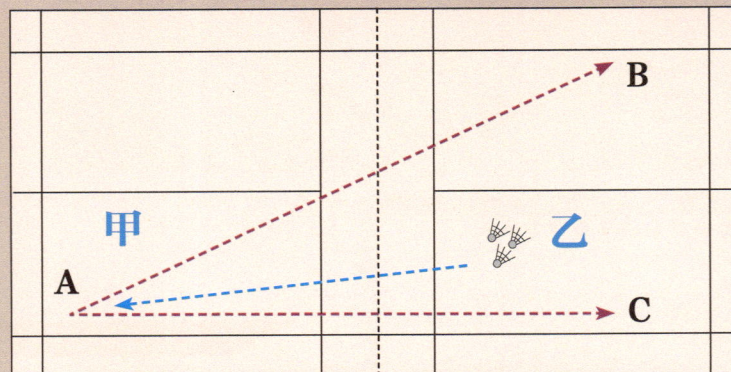

羽毛球的击球点，有两个概念，一个是球拍上的击球点，另一个是击球时，球相对于身体的空间位置。后一个概念很重要，击球点位置是否合适，影响击球质量：击球点合适则击球省力，球速快，质量高；击球点不合适，击球不但费力，击出的球质量也不高，容易被对方回击。下面一起分析一下不同位置的击球点。

击球点靠前

击球点位于身体前方，可采用主动迎球击球的方式，根据来球高低自由采取多种击球方式。其优点在于：回球距离最短，速度快，力量大；击球角度和球路都比较灵活。

击球点靠后

是指击球点位于身体后面，击球时往往比较被动，击球的角度大大受限，且不利于发力，回球球速慢，质量不高。应对方法：多练后场步法，提高脚下移动速度；熟练掌握后场击球技术，接球时持拍手的手臂尽量伸展开。

击球点靠左

以右手持拍为例，击球点靠左是指击球点位于身体左侧。位于身体左侧的球，自然用反手击球最容易，可以反拍面击直线球或斜线球，其中反手击直线球最容易。

击球点靠右

以右手握拍为例，击球点靠右是指击球点位于身体右侧，用正拍面击直线球容易，击斜线球则稍有难度。

高位击球点

是指击球点在身体的制高点，击球时往往比较主动。其优点在于：击球点高，击球角度多且灵活，威力大，后场杀球、吊球，前场扑球、封网等，都是常用的、威胁性比较大的击球方式。球的飞行弧度比较陡且直，使对方的回球比较被动。

低位击球点

低位击球点是非常被动的击球点，要么是距离身体较近的追身球，要么是距离地面太近的低手位球。这样的来球，触球角度受限，一般只能回击向上的高弧度球。

触网

触网是指在比赛进行中，运动员的身体、衣服或球拍碰触到球网、网柱或网柱的支撑物的情形。如果触网发生在"死球"之前，该触网被判为违例；如果发生在"死球"之后，则不属于违例。

过网击球

过网击球，是指在比赛进行中，球拍与球的最初接触点不在击球者的这一方场地。球被击出后，球拍过网则不属于违例。

死球

死球有以下几种情况：

1. 球撞网并挂在网上，或停在网顶；
2. 球撞网或网柱后开始向击球者这一方下落；
3. 球触及地面；
4. 已宣报"违例"或"重发球"时。

死球则意味着一方得分或者重新发球。

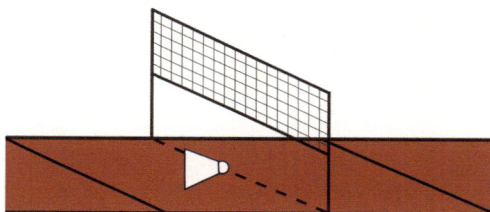

1

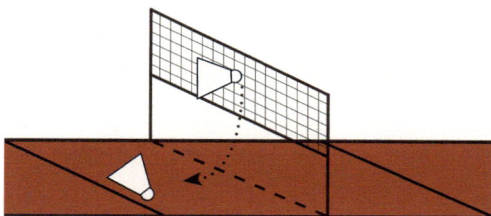

2

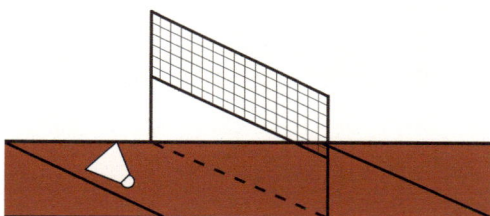

3

出界

发球或击球，球落地时超出所界定的相应的边界，则被视为出界违例。如果球托的落点在规定区域的线上，被视为界内，不属违例。

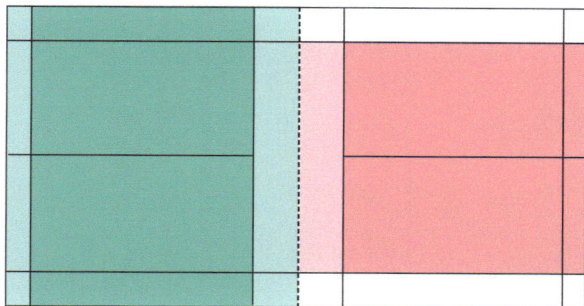

单打，发球落地范围。

双打，发球落地范围。

单打，击球落地范围。

双打，击球落地范围。

第4章

羽毛球步法

这一章主要对羽毛球的步法做介绍和讲解。其中包括基本步法、上网步法、两侧移动步法、后退步法。

垫步

羽毛球步法是羽毛球运动中重要的基本技术，更是被称为"羽毛球运动的灵魂"，与手法相辅相成，不可分割。有了好的步法，手法技术才能得到更好的发挥，球场上才能表现得更出色！本章所有步法，都是配合右手握拍法讲解。

向前垫步 ▶

技术要领：双脚开立，右脚迈向右上方，左脚紧跟。

> **MEMO**
>
> **特点和实用性：**
> 步伐小，变换灵活，一般用于调整
> 步距、重心和运动方向。

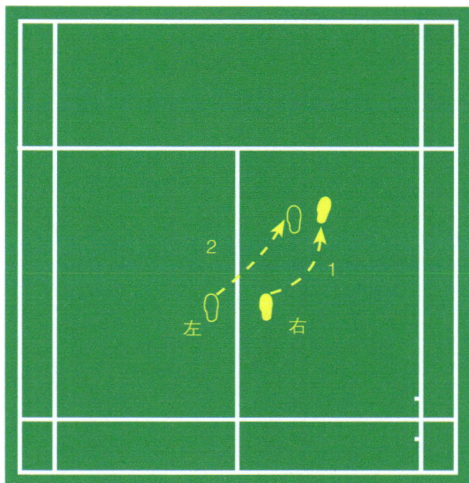

注：○ - - - ➤　 - - - ➤　都是脚的运动轨迹。

❶ 两脚开立准备。　❷ 右脚迈向右上方（左脚脚尖着地）。

❸ 左脚跟上，并于右脚脚跟。再将右脚接着迈向右上方，重复动作，左脚脚尖着地，为下一个并步做准备。

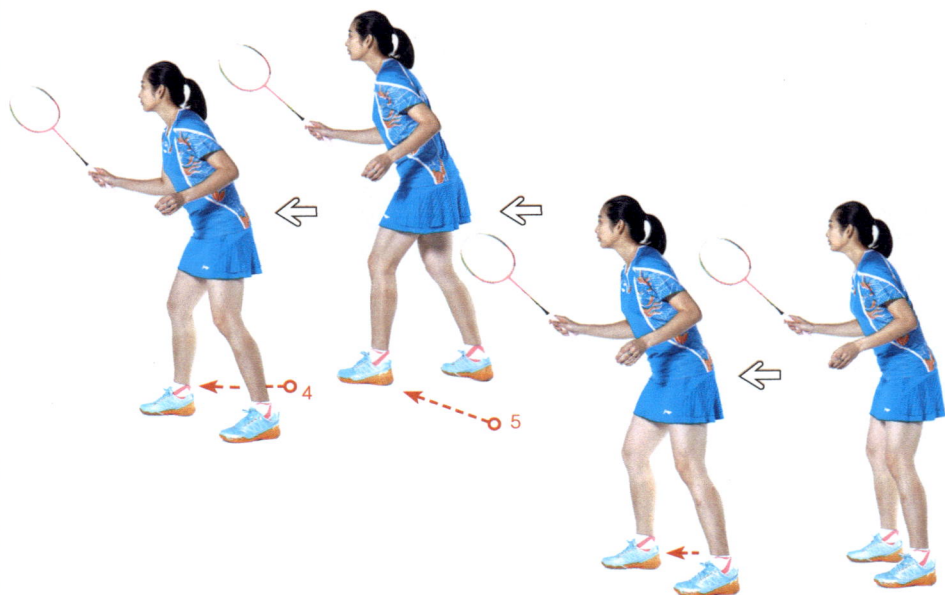

116

技术要领：两脚开立，向右转体90°，
同时右脚向右后方90°方向迈出，然后
左脚和右脚并在一起。

MEMO

特点和实用性：
无论是进攻还是防守，都可用垫步
调整身体重心和步距。

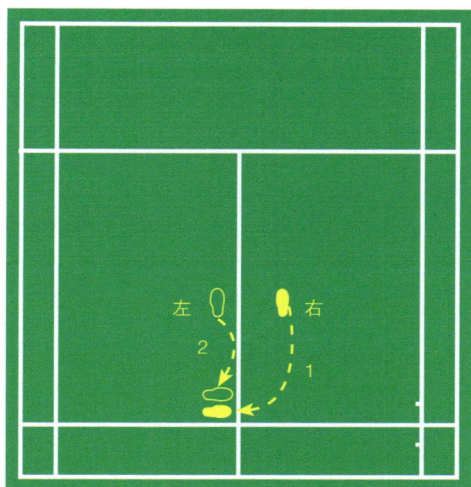

① 两脚开立准备。

② 以左脚为轴心，脚尖点地，向右
转体，同时右脚向右后方90°方
向迈出。

③ 左脚向右脚并拢。

117

交叉步

两脚并立，左脚向右前方迈一步，然后右脚越过左脚向右前方迈一大步。移动过程中，腿部保持自然弯曲，不要绷得太直。

---- MEMO ----

特点和实用性：
步子大，在移动过程中，身体重心较稳定。

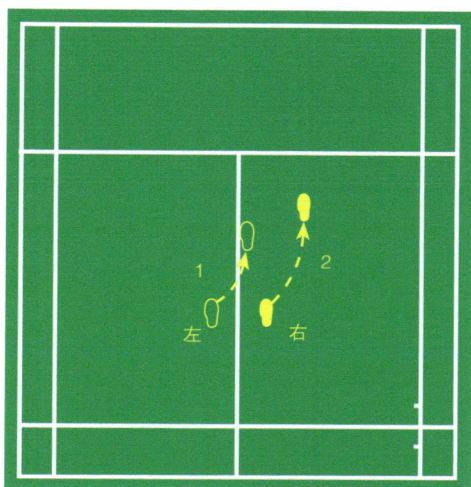

❶ 两脚开立准备。

❷ 重心前移的同时，左脚向右前迈出一步（同时右脚脚尖着地）。

❸ 左脚踏实后，右脚也向右前迈出一大步。

向后交叉步

准备姿势状态下，右脚向右后方迈一步，同时向右转体，然后左脚从右脚后边穿过，迈向右脚的右侧，右脚再撤至左脚的右侧。

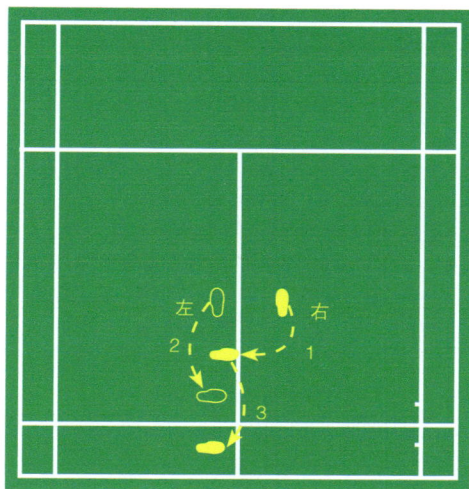

1. 两脚开立准备。
2. 向右转体，右脚向右后方90°方向迈步。
3. 左脚通过右脚后方，向右迈出一步。
4. 右脚撤至左脚的右侧。

并步

左右并步 ▶

两脚开立，身体重心右移，右脚向右迈出一步，左脚跟着迈出一步，和右脚并拢。可进行连续并步。

MEMO

特点和实用性：
移动简便，难度小，常用在上网和接杀球的过程中。

❶ 两脚开立准备。

❷ 身体重心右移，右脚向右迈一步。

❸ 左脚跟随右脚向右迈，和右脚并拢。右脚可以继续向右迈，左脚相继跟上，进行连续并步。

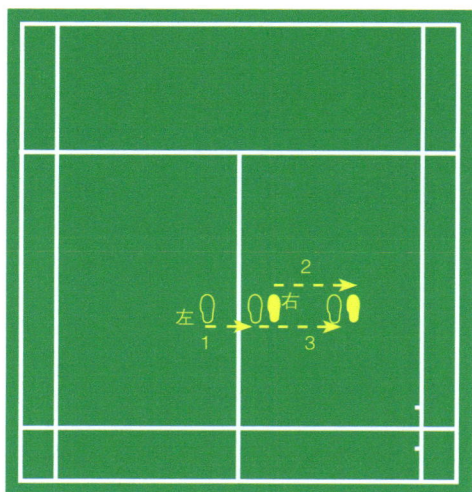

左 ⟵ ⟵ ○ 1

⟵ ⟵ ○ 2

2
右
左
1   3

⟵ ⟵ ○ 3

⟵ ⟵ ○ 4

向后并步 ▶

两脚开立，以左脚为轴，向右后方90°方向转体，同时右脚向右后方90°方向跨出一步，然后左脚跨向右脚并在一起。右脚可继续右跨，重复动作。

```
●●●●●●●●●●●●●●●
———— MEMO ————
特点和实用性：
一般在后退打后场球时，使用较多。
```

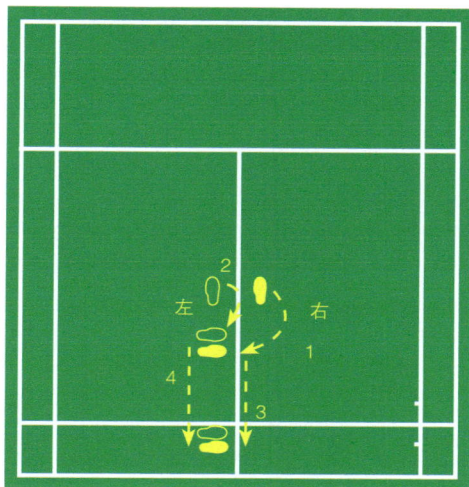

① 两脚开立准备。

② 向右转体，右脚向右后方跨出一步。

③ 左脚向右脚并拢。右脚可继续右跨，重复动作，进行连续并步。

125

1

2

3

4

蹬跨步 ▶

在向来球移动的最后一步中，左脚用力后蹬，右脚向前跨一大步。

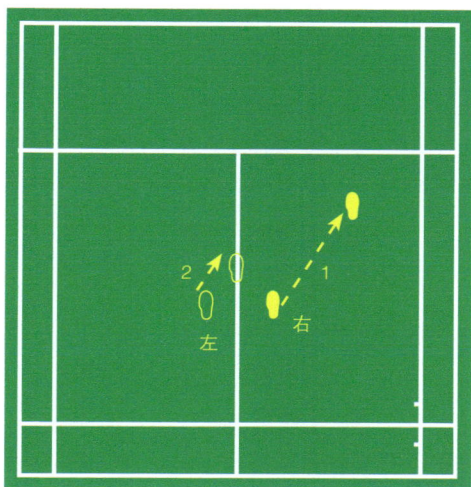

❶ 两脚开立准备。

❷ 左脚蹬地发力，右脚向前迈出一大步。

❸ 左脚跟随在地面上做拖拽动作，缓冲跨步的冲力。

127

基本步法组合：米字步

米字步，即步法的轨迹和"米"字一样，如下图，以红点为圆心，分别向8 条红线的方向迈步击球的步法。它包括多种基本步法，如并步、垫步、交叉步等，原则上多用垫步，在移动距离较远时，可用交叉步。在移动方向上，可分为左右移位、左前移位、右前移位、左后移位、右后移位。其中向前移动用向前的垫步，向后移动用向后的交叉步，就不再多介绍。

向右移位 ▶

米字步的左右移位，在双打中常用于补位，在单打中常用于配合击打中场左右两侧的来球。右脚右移一步，左脚右移和右脚并拢，然后右脚再向右跨一步。也可以用向右的交叉步。

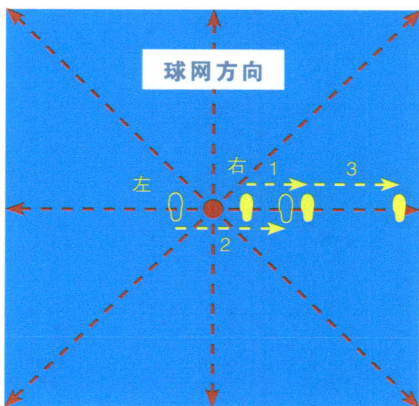

球网方向

① 两脚开立准备。

② 右脚右移一步，左脚跟随和右脚并拢。

③ 左脚和右脚并拢的同时，右脚再向右跨出一大步。

129

向左移位 ▶

向左移位，在双打中常用于补位，在单打中常用于配合击打中场左侧的来球。左脚左移一步，右脚左移和左脚并拢，然后左脚再向左跨一步。也可以用向左的交叉步。

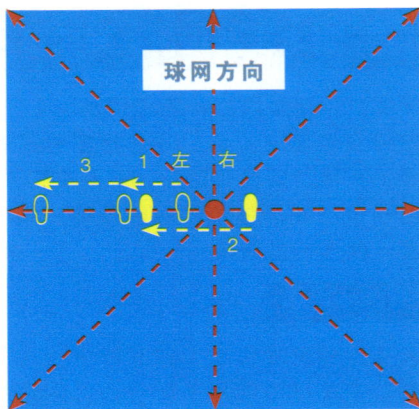

球网方向

3   1 左 右
                2

1 两脚开立准备。

2 左脚左移一步，右脚跟随和左脚并拢。

3 右脚和左脚并拢的同时，左脚再向左跨抽一大步。

向左前方移动时，先跨出右脚，左脚做垫步或
交叉步，右脚再向左前方跨出一步。

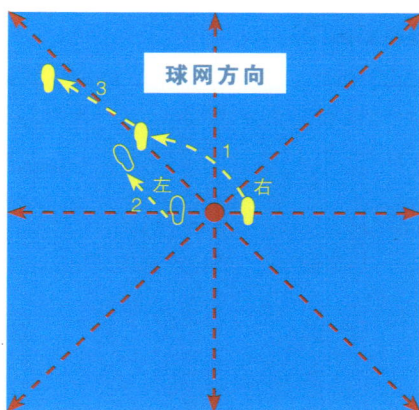

球网方向

❶ 两脚开立准备。

❷ 右脚向左前方迈一步。

— MEMO —
特点和实用性：
蹬转步步伐迅速，转体敏捷，在后
场球中十分实用。

❸ 左脚并向右脚做垫步（或交叉步）。左脚着地同时右脚
再向左前方跨出一大步。

右前移位

向右前方移动，右脚先向右前方迈一步，左脚跟随做交叉步（或垫步），然后右脚再向右上方跨一步。

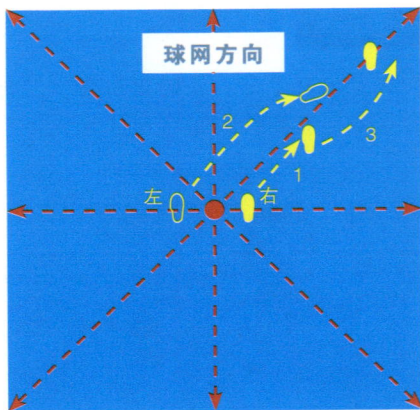

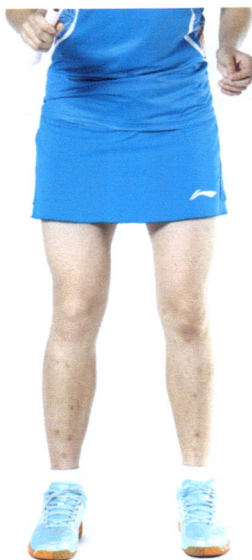

① 两脚开立准备。

② 向右稍转身，跨出右脚。

③ 左脚并向右脚做交叉步（或垫步）。

MEMO

特点和实用性：
蹬转步步伐迅速，转体敏捷，在后场球中十分实用。

④ 左脚着地的同时，右脚再向右前方跨出一大步。

球网方向

左　右

向右后移位时，要先跨出右脚，向右转身然后做交叉步（或垫步），之后右脚再向右后方跨出一步，将身体移动到后场位置。

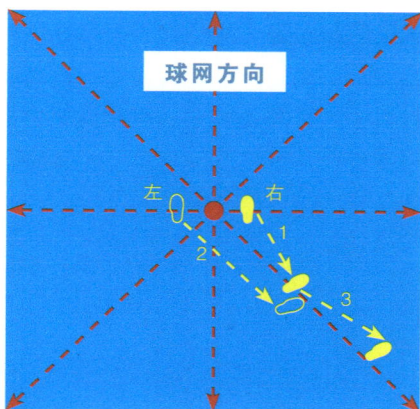

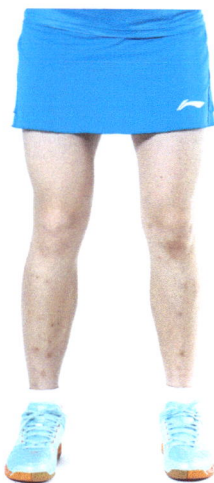

球网方向

① 两脚开立准备。

② 右脚向右方迈一步。

③ 左脚跟随做交叉步（或垫步）。左脚着地同时，右脚再向右后方跨出一大步。

左后移位 ▶

向左后方移位，先经右侧向左后转体，同时右
脚向左后方跨出一步，左脚跟着做垫步，然后
右脚再向左后方跨出一大步。

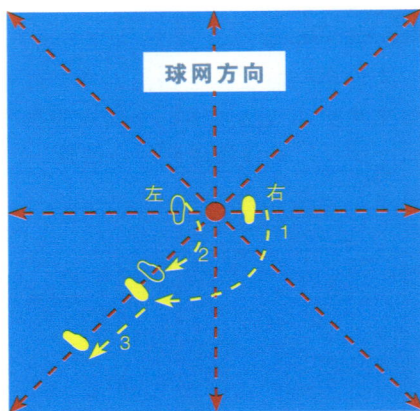

球网方向

左 右

❶ 两脚开立准备。

❷ 先向左后转身，同时右脚迈
出一步。

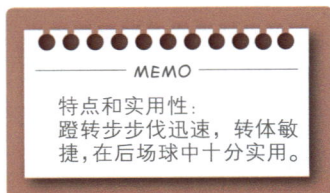

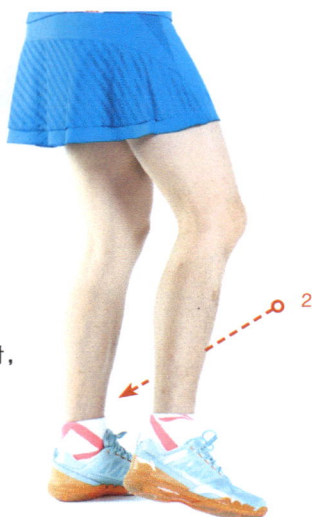

MEMO

特点和实用性：
蹬转步步伐迅速，转体敏
捷，在后场球中十分实用。

❸ 左脚跟上做垫步，左脚着地同时，
右脚再向左后方跨出一大步。

正手上网步法

上网步法，也就是配合前场击球使用的步法。上网步法整体上要注意以下三点：1. 向前冲力不要太大，否则会失去身体平衡；2. 到达击球位时，前脚脚尖应朝边线方向，有利于借冲力向前滑步；3. 击球后迅速退回中心起始位置，可采用跨步、垫步、交叉步等。

正手蹬跨步上网法 ▶

一般来球距离较近时使用。运用一步，也就是蹬跨步上网。

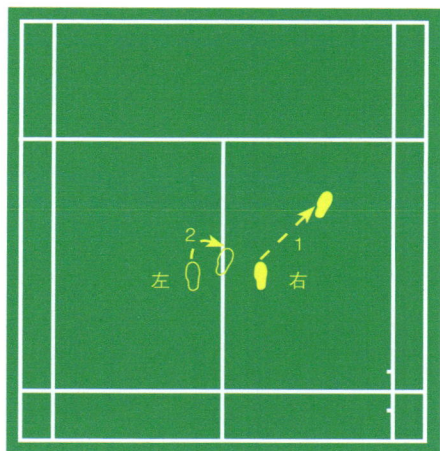

1 两脚开立，屈膝下蹲，将重心放低，正手握拍置于体前。

2 左脚掌内侧蹬地。

MEMO

左脚蹬地要用力，且用左脚内侧蹬地。

3 右脚借力向右上方迈出一大步，左脚稍稍跟进，脚尖拖地，分散身体向右前方的冲力。

来球距离适中时使用，左脚先往右前方迈一步，接着右脚再往前迈一大步。

1. 手法的配合：右手伸向来球的时候，左手在身后自然伸展开，配合身体平衡。
2. 左脚蹬地要用力。
3. 右脚着地时，脚掌外展，脚跟先着地。

1 两脚开立，屈膝下蹲，将重心放低，正手握拍于体前。

2 双脚迅速蹬地发力，左脚往右前方来球方向迈出一步。

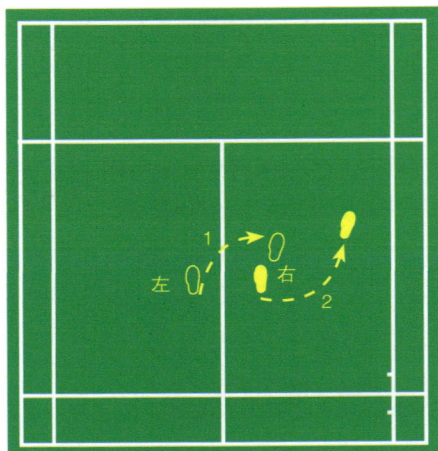

3 左脚落地同时用力蹬地。右脚再向来球方向跨出一大步，脚掌外展，脚跟着地，稳住重心。

正手交叉步加跨步上网法 ▶

来球距离较远时使用。主要运用交叉步、跨步的结合来完成。

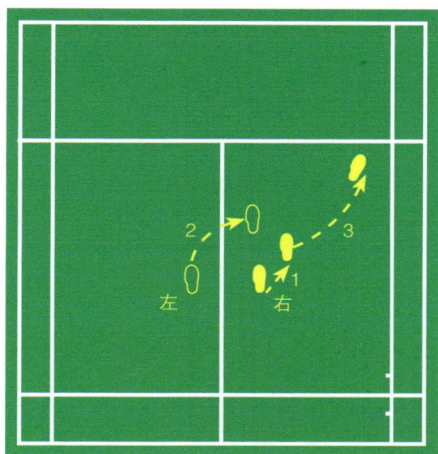

① 两脚开立，屈膝下蹲，将重心放低，正手握拍于体前。

② 启动后右脚先向右上方迈出一小步。

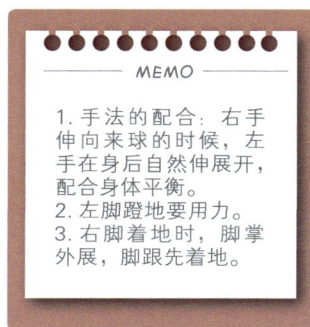

MEMO

1. 手法的配合：右手伸向来球的时候，左手在身后自然伸展开，配合身体平衡。
2. 左脚蹬地要用力。
3. 右脚着地时，脚掌外展，脚跟先着地。

---

③ 左脚跟上做一个前交叉步。左脚着地同时，蹬地发力。

④ 右脚再向右上方跨出一大步，左脚脚尖内侧拖地。

137

反手上网步法

反手蹬跨步上网法 ▶

配合反手的手法,先向左转身,然后向左前场做蹬跨步上网,来球距离较近的时候使用。

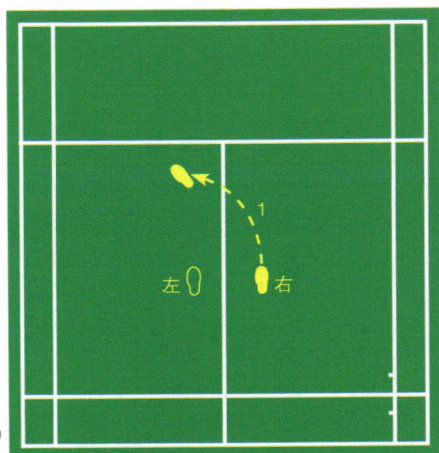

1 两脚开立准备。屈膝下蹲,将重心放低,正手握拍举起。

2 启动后身体左转,右肩对网,左脚蹬地。

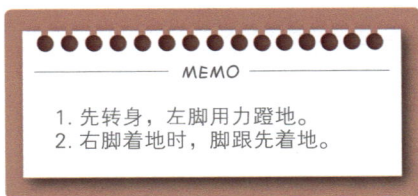

> — MEMO —
> 1. 先转身,左脚用力蹬地。
> 2. 右脚着地时,脚跟先着地。

3 右脚向左前跨一大步,左脚脚尖内侧拖行。

配合反手手法，在左前场做交叉步上网，在来球距离较远时使用。

❶ 两脚开立准备。屈膝下蹲，将重心放低，正手握拍举起。

❷ 左脚迈第一步，着地时直接蹬地。

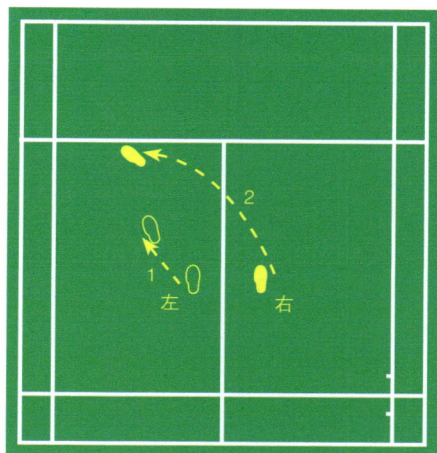

❸ 右脚做交叉步，向左前方迈一大，左脚脚尖拖地辅助支撑。

MEMO

1. 手法的配合：转体后，手握拍改为反手握拍。
2. 左脚蹬地要用力。
3. 右脚着地时，脚跟先着地，左脚脚尖拖行。

反手三步上网法，可用跨步结合交叉步来
完成。

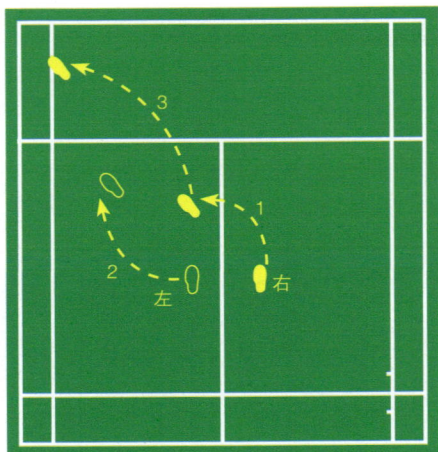

❶ 两脚开立准备。屈膝下蹲，将重心
放低，正手握拍举起。

❷ 启动后向左转体，右肩对
网，然后右脚向左前方迈第
一步。

❸ 右脚再向左前方迈一大步，左
脚脚尖拖地稍稍前行。

正手两侧移动步法

中场步法在接杀球时运用最多，步法到位，接杀球成功率高，步法不到位，则接杀球很难成功，因此接杀球的步法很重要。中场的接杀球步法一般分为正手蹬跨步接杀球、反手蹬跨步接杀球、正手垫步加跨步接杀球、反手垫步加跨步接杀球。

正手蹬跨步接杀球 ▶

对方杀过来的球距离较近时，可以直接向右做蹬跨步接杀球。

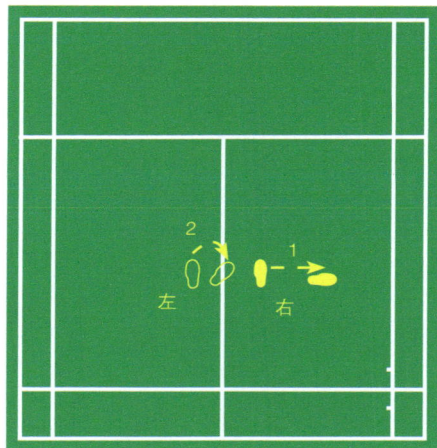

1 两脚开立准备。屈膝下蹲，将重心放低，正手握拍举起。

2 判断来球后，双脚前脚掌触地启动，左脚蹬地，转髋。

3 右脚向右方跨出一步。

正手垫步加跨步接杀球 ▶

用垫步和跨步相结合的步法来接右边中场的杀球，在来球距离稍远时使用。

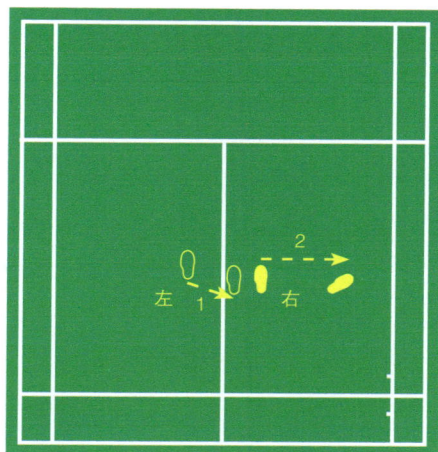

❶ 两脚开立准备。屈膝下蹲，将重心放低，正手握拍举起。

❷ 启动后，左脚向来球方向做小垫步，靠近右脚。

MEMO

1. 手法的配合：右手伸向来球的时候，左手在身后自然伸展开，配合身体平衡。
2. 左脚蹬地要用力。
3. 右脚着地时，脚掌外展，脚跟先着地。

❸ 左脚落地的同时用力蹬地。

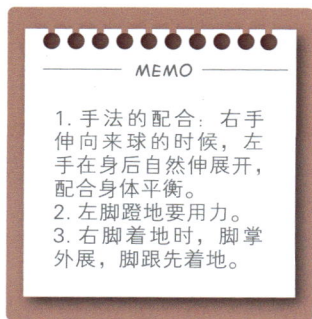

❹ 右脚接着做跨步，向右跨出一大步，左脚脚尖内侧稍稍拖地跟行。

143

反手两侧移动步法

反手蹬跨步接杀球 ▶

对方杀过来的球距离较近时，可以直接向左做蹬跨步接杀球。

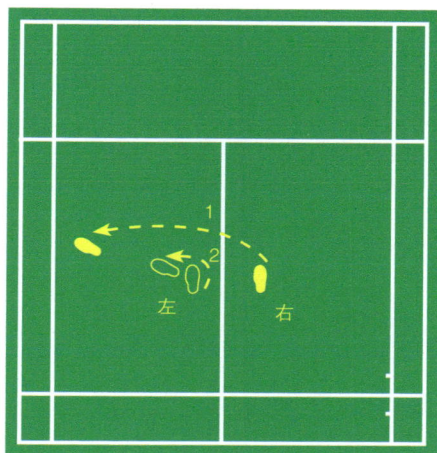

1 两脚开立准备。屈膝下蹲，将重心放低，正手握拍举起。

2 两脚启动后，左脚蹬地发力，转髋转体。转体时正手握拍改为反手握拍。

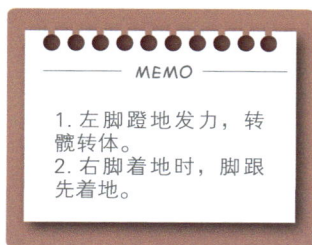

MEMO

1. 左脚蹬地发力，转髋转体。
2. 右脚着地时，脚跟先着地。

---

3 右脚向左跨出一步，左脚脚尖着地，为蹬地状态。

反手垫步加跨步接杀球 ▶

对方杀来的球位于左边中场，且距离较远时，可采用反手垫步加跨步来接杀球。

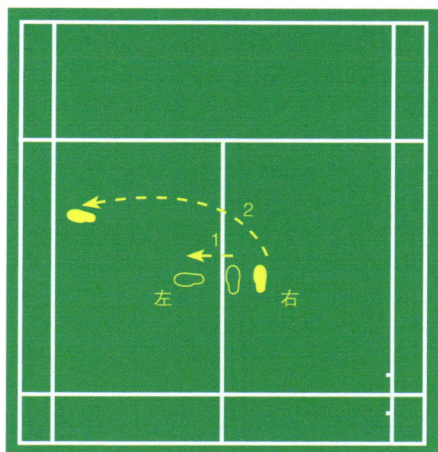

① 两脚开立准备。屈膝下蹲，将重心放低，正手握拍举起。

② 两脚启动后，左脚向左垫一小步，转体转髋。转体时正手握拍改为反手握拍。

③ 左脚落地的同时用力蹬地。

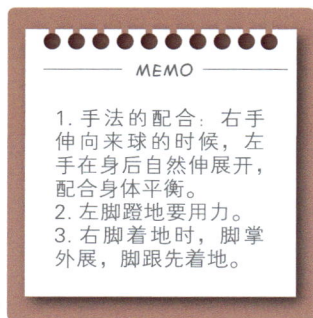

④ 右脚再向左跨出一大步，背对球网，左脚脚尖呈蹬地状态。

📝 **MEMO**

1. 手法的配合：右手伸向来球的时候，左手在身后自然伸展开，配合身体平衡。
2. 左脚蹬地要用力。
3. 右脚着地时，脚掌外展，脚跟先着地。

4 后退步法

正手后退步法

后退步法是指为了击打后场球，从中场退往后场所使用的步法，所以我们又称其为后场后退步法。

正手一步后退步法

对方来球距离较近时，可以直接向右后做蹬跨步接杀球。

① 两脚开立准备。屈膝下蹲，将重心放低，正手握拍举起。

② 判断来球，双脚迅速启动，以左脚掌为轴心，转体转髋的同时，右脚向来球方向迈出一步。

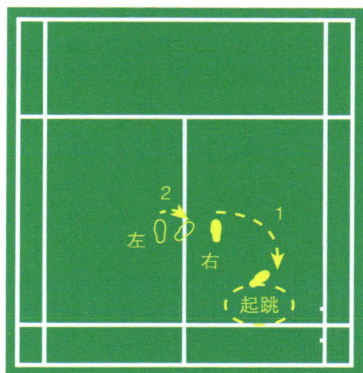

③ 身体重心下沉，双脚起跳击球。

149

正手两步后退步法

来球在右后场稍远距离时，用此步法，为蹬转步和并步的组合。

1 两脚开立准备。屈膝下蹲，将重心放低，正手握拍举起。

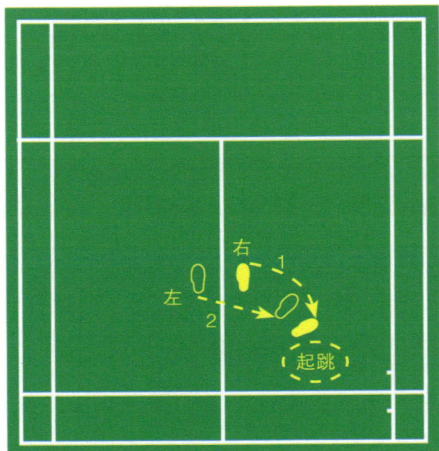

2 然后左脚蹬地，右脚向后跨出一步，同时转体转髋。

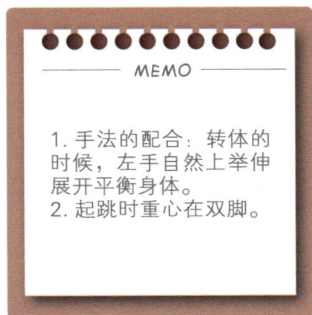

MEMO

1. 手法的配合：转体的时候，左手自然上举伸展开平衡身体。
2. 起跳时重心在双脚。

---

3 左脚向右脚并步。身体重心下沉，起跳击球。

来球在右后场距离较远时，用此步法，为蹬转步、并步和跨步的组合。

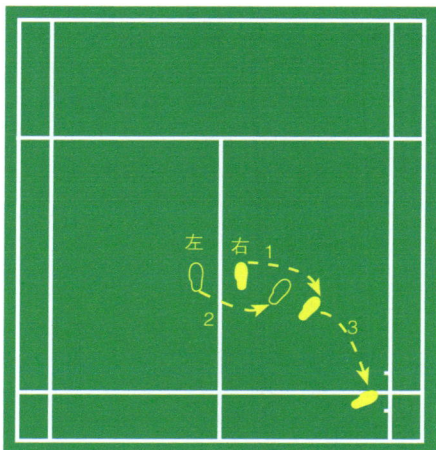

① 两脚开立准备。屈膝下蹲，将重心放低，正手握拍举起。

② 左脚蹬地，右脚向右跨出一步，同时转体转髋。

③ 左脚经右脚后面做并步。

④ 右脚再向来球方向跨出一大步，挥拍击球。

151

头顶后退步法

如果来球在头顶稍稍靠后的地方，可直接向来球方向转体，向后迈一步击球，实为向后方的蹬跨步。

左　右

2

起跳

1

① 两脚开立准备。屈膝下蹲，将重心放低，正手握拍举起。

② 左脚蹬地发力，身体向来球方向转体转髋。

1

③ 右脚向后迈出一步，起跳击球。

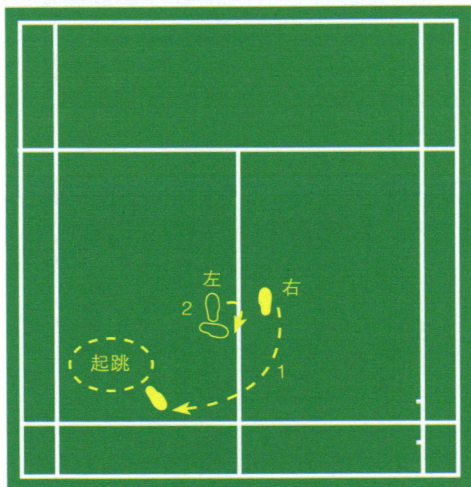

头顶正手两步后退步法

来球在左后场距离较远时，用此步法，为蹬转步与并步的组合。

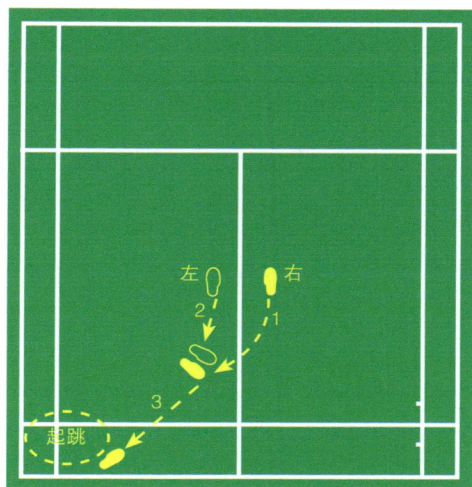

① 两脚开立准备。屈膝下蹲，将重心放低，正手握拍举起。

② 左脚蹬地发力，身体向来球方向转体转髋。

③ 左脚向右脚并步，重心下沉，然后起跳击球。

第5章

羽毛球单打

这一章主要对羽毛球单打做介绍和讲解。其中
包括单打赛制、单打接发球、单打战术。

1 单打赛制

羽毛球单打比赛规则

1.1 发球员的分数为0或双数时，双方运动员均应在各自的右发球区发球或接发球。

1.2 发球员的分数为单数时，双方运动员均应在各自的左发球区发球或接发球。

1.3 如"再赛"，发球员应以该局的总得分，按规则1.1和1.2的规定站位。

1.4 球发出后，由发球员和接发球员交替对击直至"违例"或"死球"。

1.5.1 接发球员违例或因球触及接发球员场区内的地面而成死球，发球员得一分。随后，发球员再从另一发球区发球。

1.5.2 发球员违例或因球触及发球员场区内的地面而成死球，接发球员得一分。随后，接发球员获发球权。其余请参考第一章关于羽毛球的比赛制度。

2 单打接发球

在单打的发、接发中，虽然发球者处于主动状态，接发球者处于被动、等待的状态，但由于有发球规则的种种限制，接发球者并没有受到太大威胁，甚至处理好接发球，可以变被动为主动。

接发球的姿势

不同角度动作展示

球拍的甜点，和球网上端保持齐平，或略微高于球网

握拍力量大，角度广

手腕松，虎口及掌心空

左右臂皆抬起，呈打拳状，大前臂之间的夹角约为 90°

重心位于两脚之间

球拍侧斜，拍框的侧斜面对着场地正前方

眼睛盯住球，注意来球方向

身体稍前倾

双腿微屈

双脚脚后跟微抬，前脚掌着地

左脚在前

和前发球线保持1.5米的距离。如果在右区接发球，站在偏中线的位置（防止对方的平射球攻击头顶区域）；如果在左区接发球，站在中线和边线的中间位置。此外，需视个人情况灵活处理，若后场偏移能力好，可稍靠前站立；若后场移动较弱，宜稍靠后站立。

单打接发网前球

接发前场球，一般可以用平推球、挑高球或者放网前小球来还击，如果来球较高，则可以直接扑球。接发网前球时，尽量抢占更高的击球点，使回球到达对方场地的落点更低，让自己变被动为主动。

① 用接发球的准备姿势站立，左脚在前，右脚在后，注视前方，关注来球。

② 判断来球，然后左脚蹬地，右脚向右上方跨出一步，手心向上，拍头稍稍下沉，指向网边，手腕略高于拍头，拍面低于网顶。

③ 击球时，用正拍面搓击来球的底部，使球旋转过网，落于对方前场网前。

不同角度动作展示

接发后场球，一般是平高球和高远球，最基本的策略是快速移动至后场球后方，以获取最佳击球点，提高回球准确性及力度。此外，移动速度快，能为自己赢得更多时间，把动作做得更具隐蔽性，以迷惑对方，为自己赢得主动权。

❶ 用接发球的准备姿势站立，左脚在前，右脚在后，注视前方，关注来球。

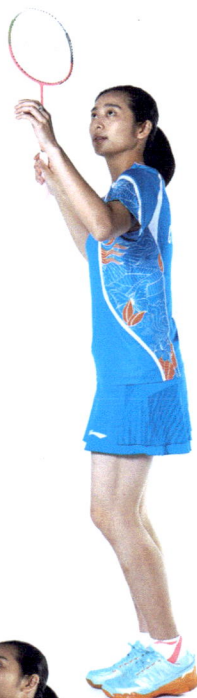

❷ 判断来球方向后，迅速向右转体转髋，身体重心转移至右脚，右手持拍，自然屈肘，向身后做引拍。

❸ 接球时，右手持拍举过头顶击球，尽量将球击向对方后场。击球后顺势将球拍收回至身体左下方。

单打战术

战术详解

掌握了羽毛球的发球、击球、步法等基础技术后，在实战中，还需要有相应的战术来配合，才能克敌制胜。（左边为发球方，右边为接发球方。）

右发球区发底线球

接发球员在右发球区接发球时，一般位于中线附近，发球员此时可以发后场球，飞行时间长，自己有充分的时间调整状态，准备下一次击球。

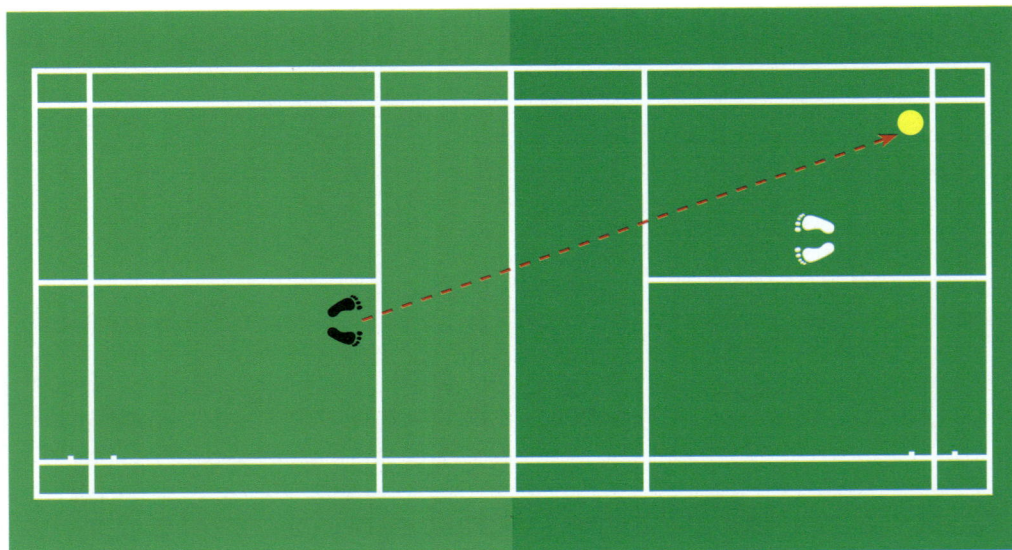

右发球区发底线球

羽毛球飞行轨迹（后同）。实线箭头为最后制胜球的飞行轨迹。

左发球区发底线球

接发球员在左发球区接发球时，一般位于中线和边线的中间，发球员此时可以向对方后场发球，左右可靠近中线或边线，目的也是为自己获取时间，准备下一次击球。

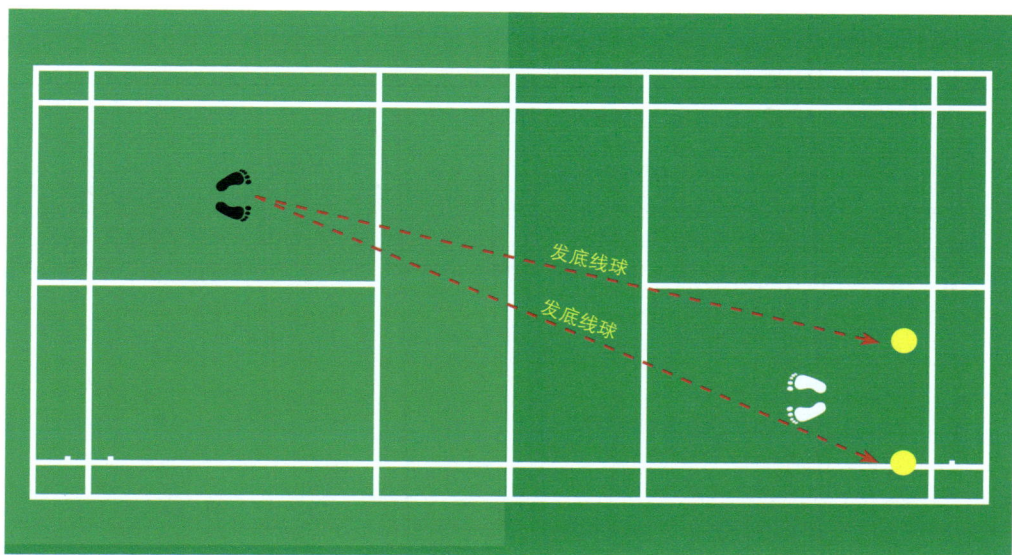

左发球区发底线球

杀边线

将击球的重点放在杀边线上，左边边线和右边边线轮换，让对方不断地向左、向右低重心接球，耗费对方体力。

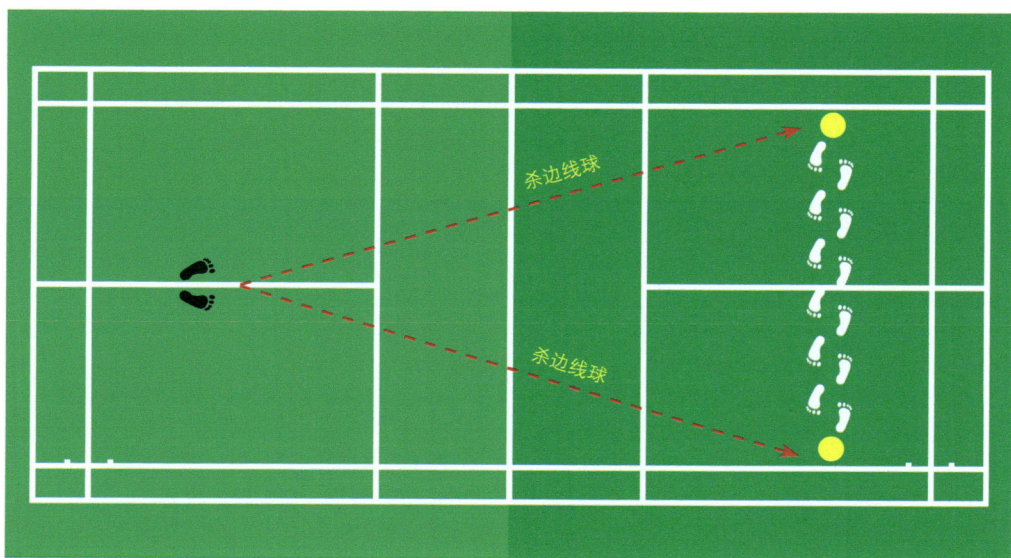

杀边线

拉斜线

将球分别击到对方的右后场（右前场）和左前场（左后场），而且最好是场地的边角，来回重复，使对方呈斜线来回跑动接球，耗费体力，进而导致对方回球质量差，陷入被动局面，为己方进攻创造机会。

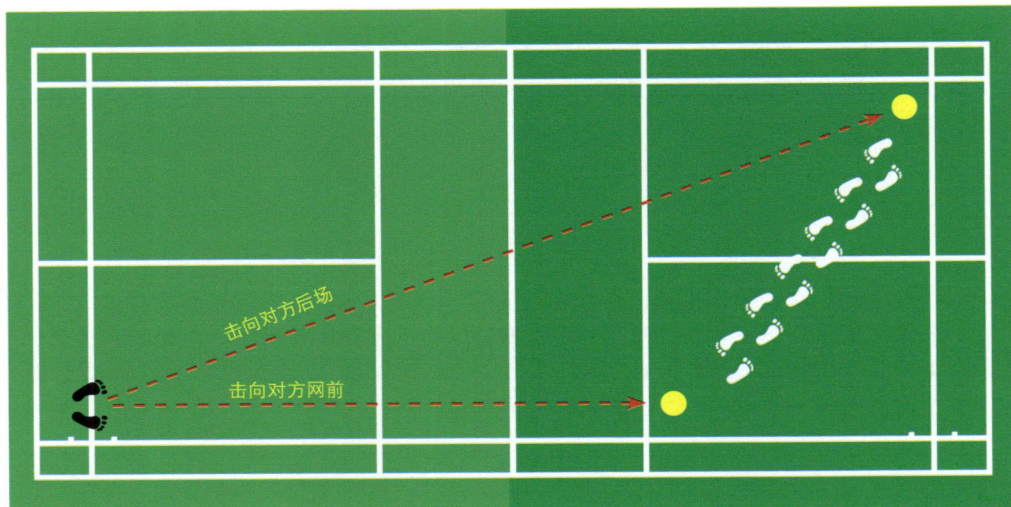

击向对方后场
击向对方网前

拉斜线

发球强攻

主要针对防守技术差或后场进攻能力较强的对手。发平快球，结合网前球，或发网前球，结合平快球，限制对方进攻，迫使对方打出高球，己方可趁机找出对方的空当，进行杀球或吊球，给自己创造制胜机会。

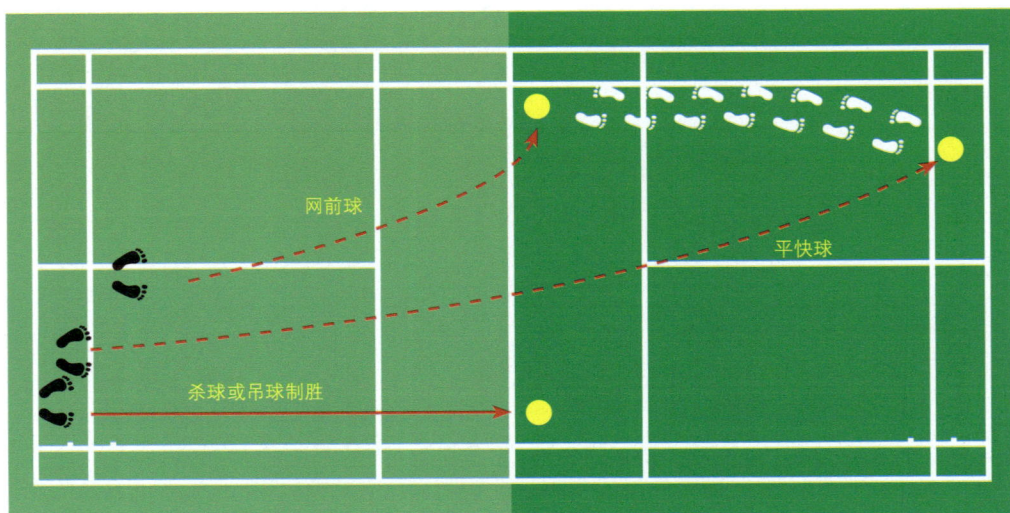

网前球
平快球
杀球或吊球制胜

发球强攻

控制后场，突击前场

当己方处于控制地位时，可以向对方后场击高远球或平高球，将对方压制在后场两角，使对方疲于应付后场，疏于前场的防守，此时可以找机会杀球、轻吊球或搓球，从而获得取胜机会。

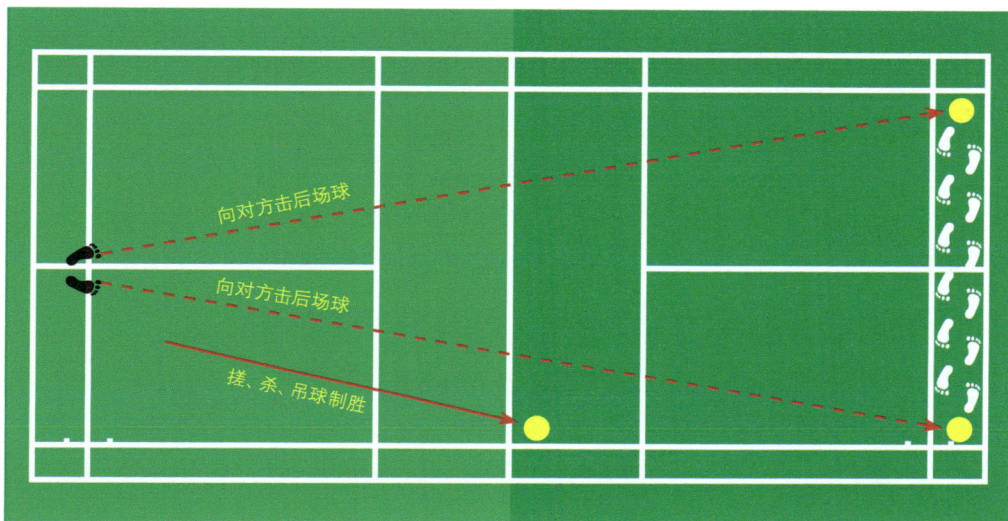

控制后场，突击前场

控制网前，突击后场

运用良好的放网技术控制网前球，如搓球、勾球等，将对方控制在网前两角，如果对方前场技术较差，会直接失误；或者伺机向对方中后场杀球或劈杀取胜。

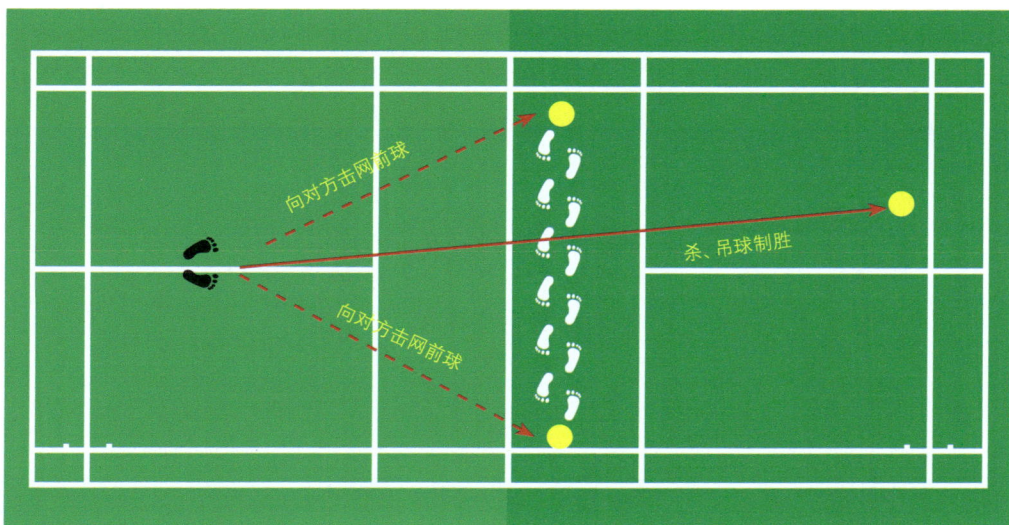

控制网前，突击后场

打四方球

利用良好的技术，将球控制在对方场地的四个角落，使对方疲于接球而来不及回中心位置的情况下，己方伺机抓空当杀球取胜。和拉斜线的战术颇有一致性。

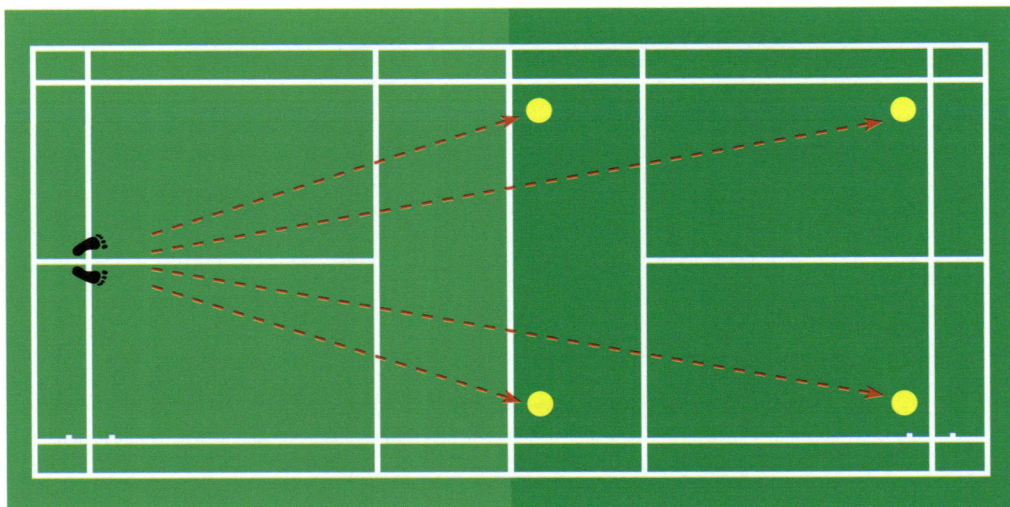

打四方球

逼反战术

一般情况下，后场反手击球比较被动，进攻性很弱，或者不具有进攻性，而且球路比较简单，返回场地中心也很被动，己方可反复将球击向对方左手后场区，使对方露出空当，伺机攻杀取胜。（图示中假设对方为右手握拍。）

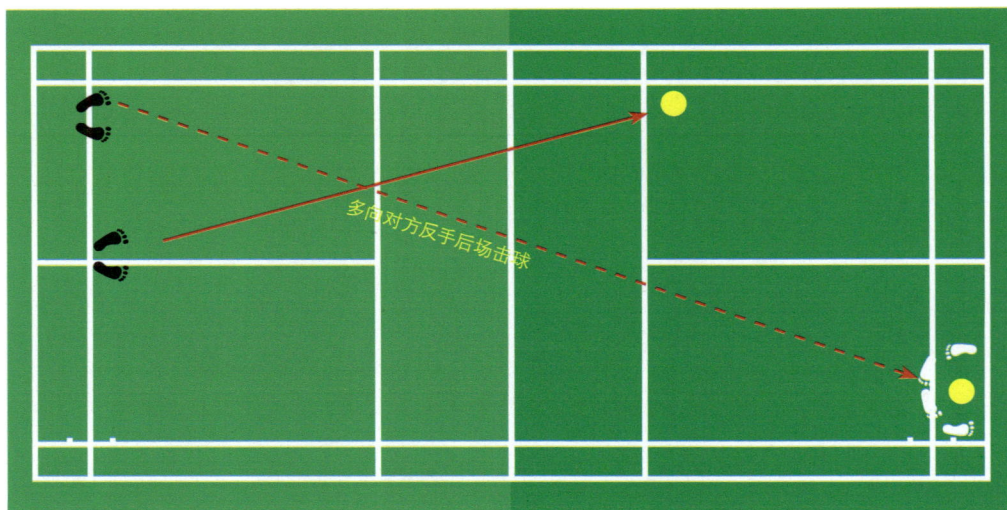

多向对方反手后场击球

逼反战术

打重复球

重复球，就是打重复线路、重复落点。对于启动、回中速度快的对手，打重复球是最好的选择。将球打向一个点位，对手回击后迅速回位，然后己方再将球打向该点位，对方再次迅速启动回球后迅速回位，己方多次重复打同一点位后，对方节奏被打乱，此时己方伺机找空当进攻取胜。

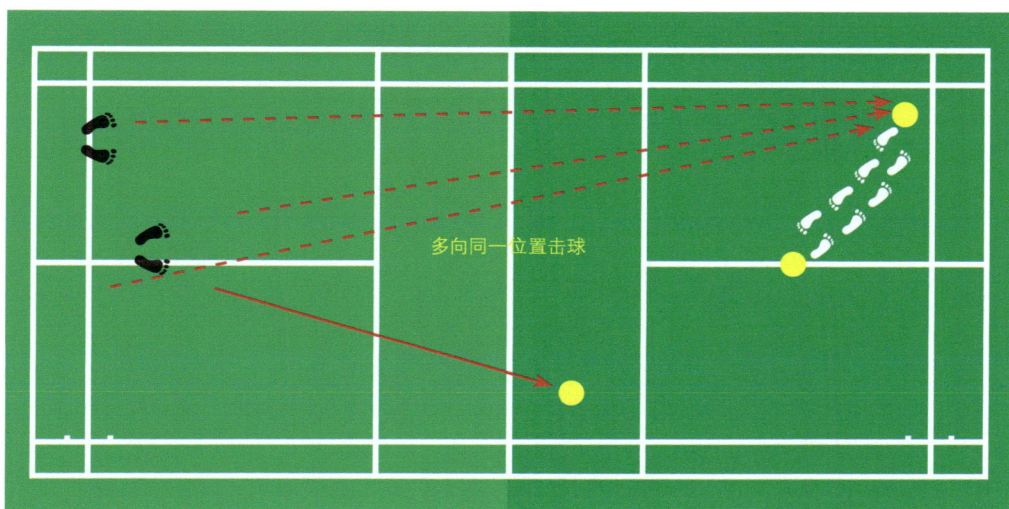

多向同一位置击球

打重复球

后场过渡反攻

过渡球是在己方处于被动情况下，为摆脱被动局势而采取的一种战术。此战术，无论在网前，还是在后场，都向对方击出高远球，给自己争取时间调整状态，转入反攻并伺机取胜。

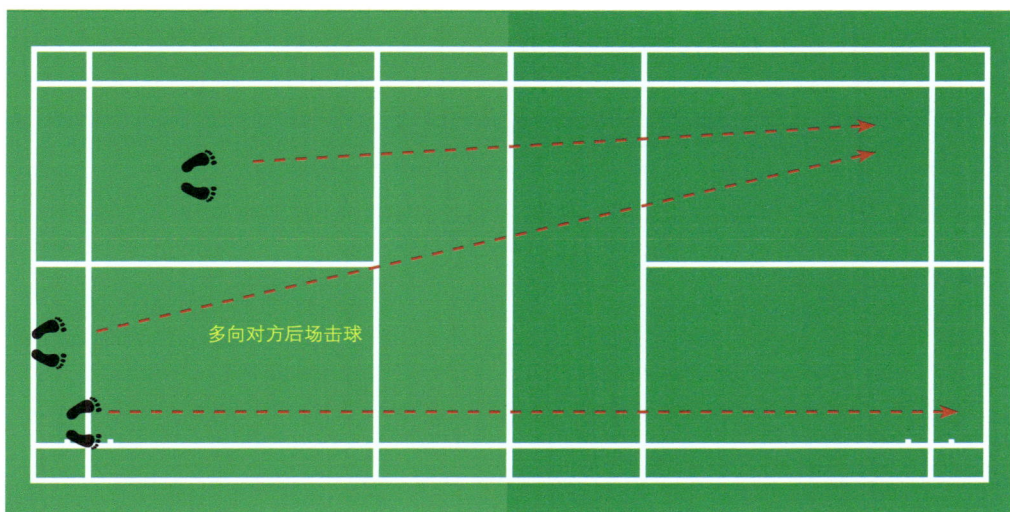

多向对方后场击球

后场过渡反攻

变化球路过渡反攻

该战术也是为了摆脱被动状态，而打过渡球的一种战术。利用球路的多变将对方满场调动，从而为自己争取时间，调整状态。具体来说，在对方富有进攻性的杀球、吊球局势下，己方在接杀球、接吊时，尽量把球还击到距离对方较远的位置，且最好击往后场距离对方较远的位置，以破坏对方的连续进攻。

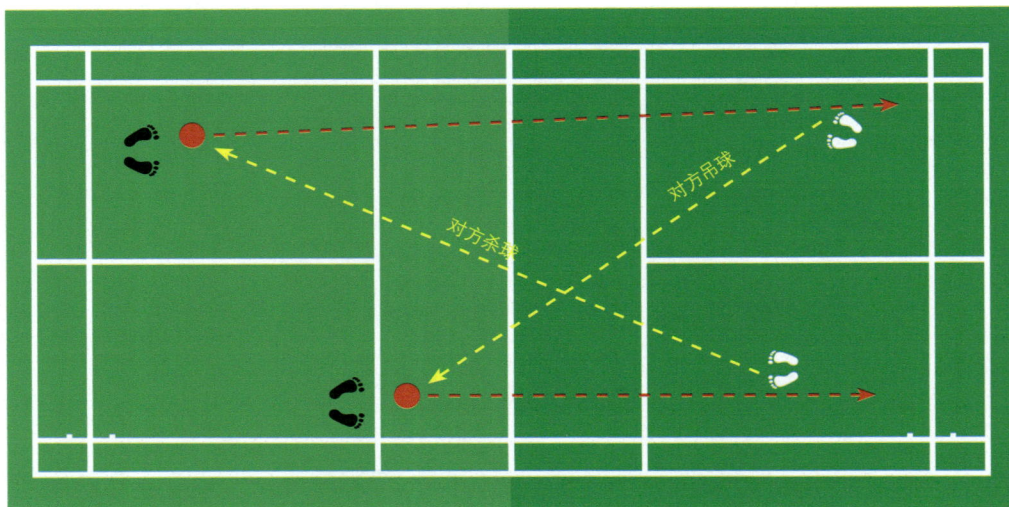

变化球路过渡反攻

第6章

羽毛球双打

这一章主要对羽毛球双打做介绍和讲解。其中包括双打赛制、双打站位与跑位、双打接发球、双打进攻战术、双打防守战术、双打常见配合失误、混双战术。

1 双打赛制

羽毛球双打比赛规则

1.1 与单打相同，发球方得分为0或偶数时，双方在右半场进行发球或接发球；当发球方得分为奇数时，双方在左半场进行发球或接发球。

1.2 只有接发球员才能接发球；如果他的同伴去接球或被球触及，发球方得一分。

1.3.1 自发球被回击后，由发球方的任何一人击球，然后由接发球方的任何一人击球，如此往返直至死球。

1.3.2 自发球被回击后，运动员的站位不再受发球的限制，可以在本方场区任何位置击球。

1.4.1 接发球方违例或因球触及接发球方场区内的地面而成死球，发球方得一分，原发球员继续在另一发球区发球。

1.4.2 发球方违例或因球触及发球方场区内的地面而成死球，接发球方得一分，并成为发球方。此时两位选手不交换左右半场。

1.5 任何一方首先发球员失去发球权后，由首先接发球的同伴发球，失去发球权后再由首先发球员的同伴发球，其失去发球权后，由首先接发球员发球，如此传递发球权。

1.6 发球必须从两个发球区交替发出。

1.7 运动员不得有发球顺序错误和接发球顺序错误，或在同一局比赛中连续二次接发球。

1.8 一局胜方中的任一运动员可在下一局先发球，负方中的任一运动员可先接发球。

其余请参考第一章关于羽毛球的比赛制度。

2 双打站位与跑位

双打站位

双打中的站位安排很重要，是根据双方的技术水平、打法特点及球路变化等来安排的，直接影响击球效果及战术布置。一般有下面这几种站位。

前后站位

本方发球时一般采取此种站位，属于进攻型站位。具体运用中，控球性较强的队员站前场，攻击性较强的队员站后场。

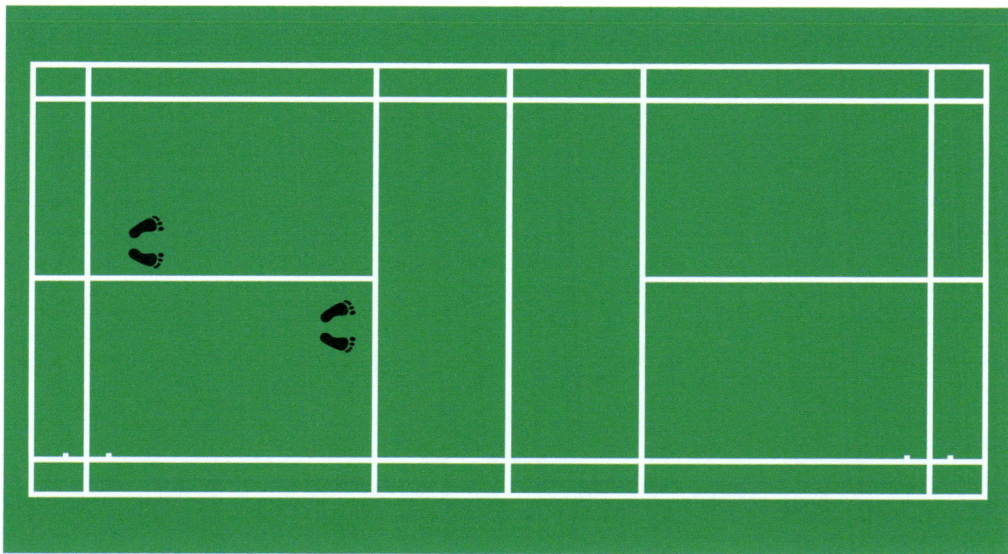

打法

发球员发球后，可上网封堵前场，后场球员则应对中后场来球。从进攻方面来说，前场队员可通过网前技术，比如扑球、搓球、放网、勾对角等，打乱对方站位，再伺机攻杀；或者后场的队员进行连续的扣杀，前场的队员配合封堵网前，伺机给对方致命打击。

一般在本方接发球或处于被对方压制状态下的站位，属于被动型站位。

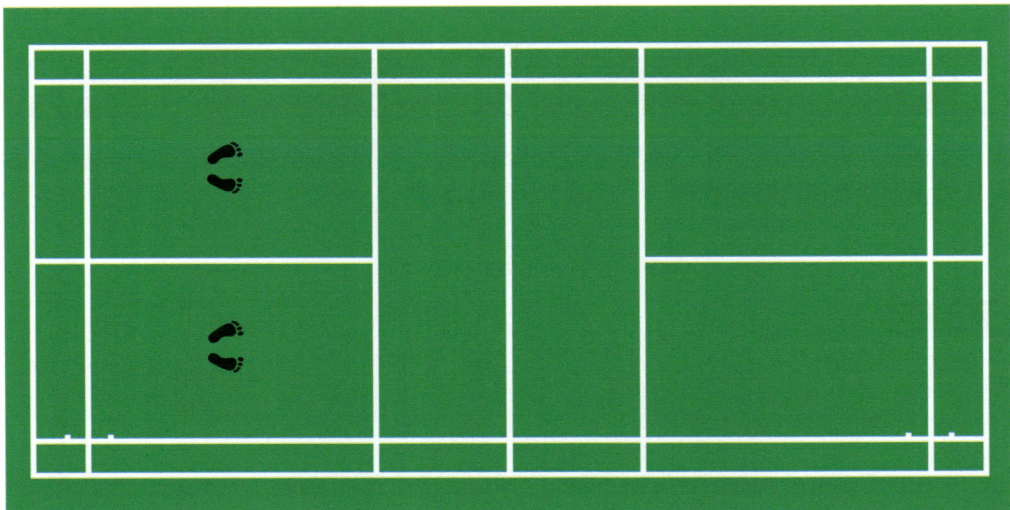

打法

如果回击对方后场球，接球方立即从前后站位变为左右站位，两人分别负责左、右半场，并多用平抽技术将球压制在对方后场底线两角，使对方回球无力，伺机扣杀或吊球制胜。

抢攻站位

此种站位为接发球站位，两位队员都距离发球线很近，高举球拍，身体倾斜度较大，属于典型的进攻型打法，男选手使用该站位居多。

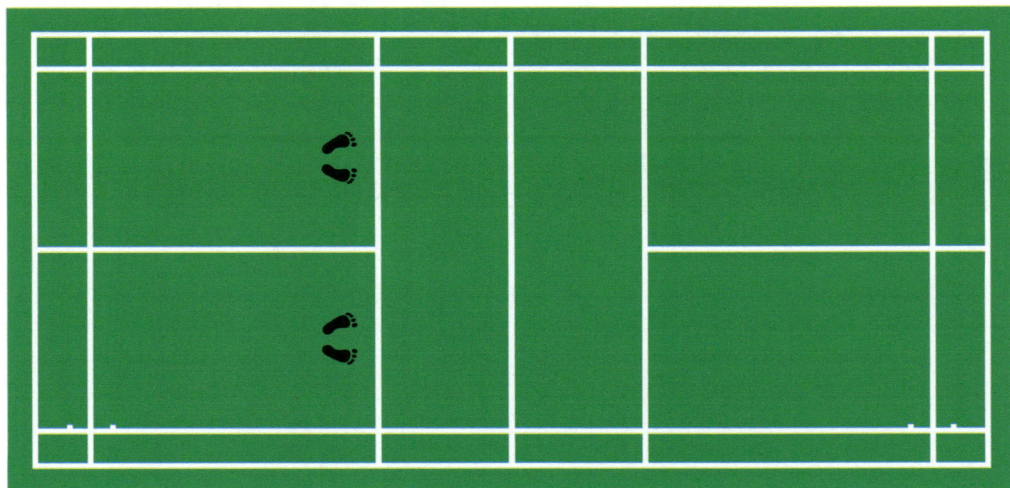

打法

接发球进行抢攻，然后迅速用小碎步调整，回到中间位置。

此种站位中，双方呈对角线站立，且双方距离较远。

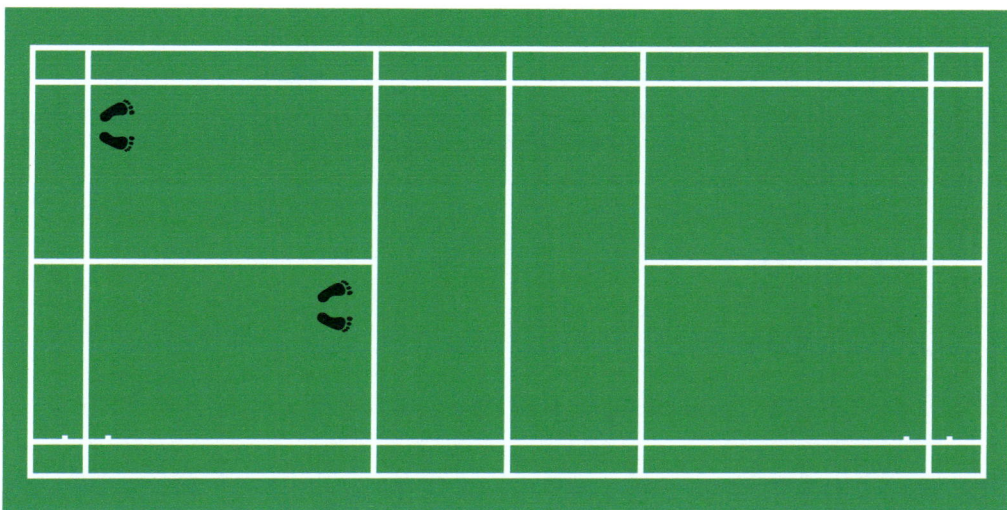

打法

前场的队员应对网前球，后场的队员负责后场来球，及时填补空缺。

双打跑位

在双打比赛中，很多时候队员不是站位，而是跑位，根据比赛局势进行调整。双打跑位一般分两种情况。（若无特殊说明，左边为己方场次，右边为对方场地。）

情况一

发球或接发球时前后站位，但当对方击来的后场高球偏于一侧边线时，前场的队员可快速后退击球，而原本在后场的队员可向另一侧位置补位，形成左右站位。

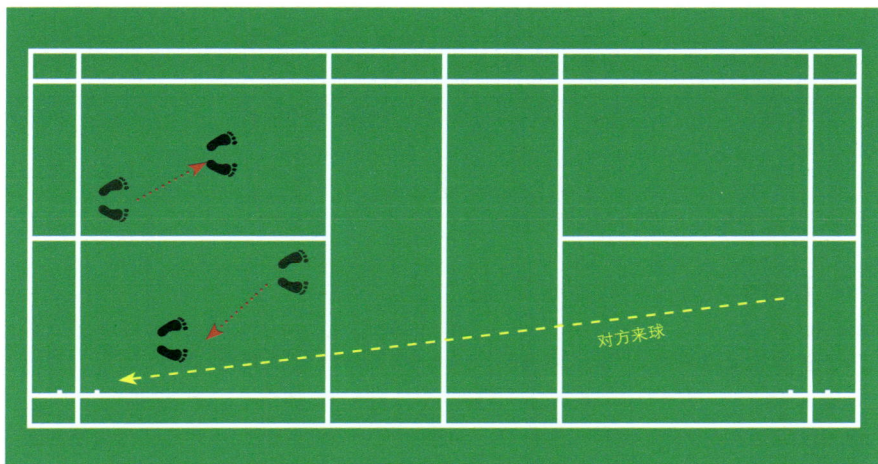

对方来球

········▶ 脚部移动轨迹   ------▶ 球飞行轨迹（后同）

发球或接发球时为左右站位，比赛进行中，一旦形势对己方有利，可进行下压进攻时，己方一名球员迅速上网封堵，另一球员则移动到后场，进行后场的扣、吊、杀球等，展开进攻。

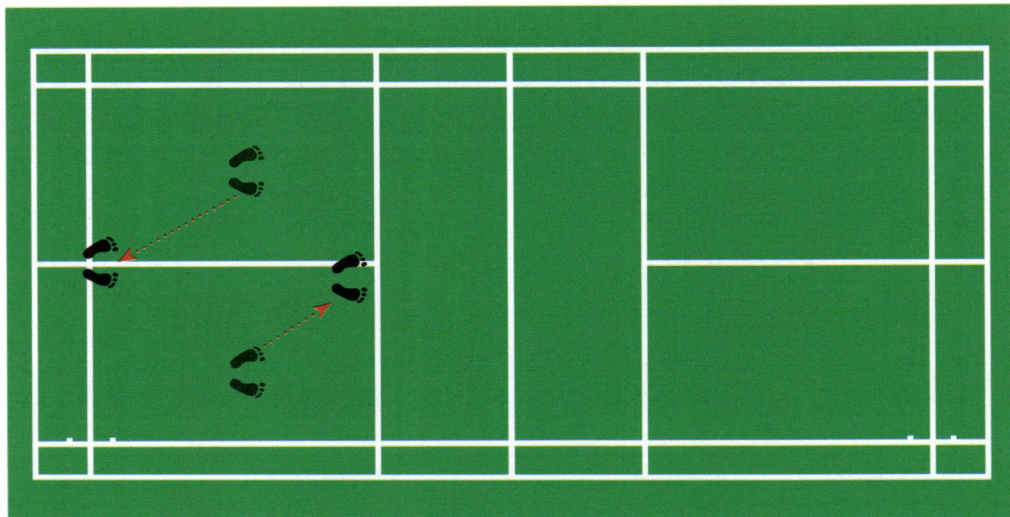

双打跑位常用原则

根据队员的自身技术特点，双打跑位也有一些规律可循，总结如下（主要是男双和女双）。

左右站位跑位规律：

1. 如果接中场球，则保持左右站位。

2. 如果接前场球，距球较近的人接球，若接球时可以将球往下压，则另一队员向后移，换成前后站位；若不能将球下压，则继续保持左右站位。

3. 比赛进行中，只要一人放了高质量网前球，站位靠前者即刻冲向网前，另一人则迅速移到中后场，换成前后站位。

4. 一旦遇到较好的杀球机会，则距球较近的人杀球，另一人立刻冲到网前，准备截杀对方回球，站位也换成了前后站位。

前后站位跑位规律：

1. 前后站位时，前场球由站位靠前的人负责，没有特别状况，尽量保持前后站位。

2. 中场两翼接杀球全部由站位靠后的队员负责，并及时转换为左右站位，即后场队员移至左场接杀球时，另一队员转移到右场中央，后场队员移至右场接杀球时，另一队员则转移到左场中央。

3. 前场作为防守人员，原则上凡是过头的球都不接，除非球的落点距离前场队员很近，且球速很慢。

4．如果己方被迫起了高球，则马上换成左右站位，做好防守准备。

跑位常识：
1．前后站位时，网前队员的站位，一般位于T字偏后一点。
2．前后站位时，后场队员尽量杀球或吊球，前面场员尽量封杀，如果做不到封杀，则尽量下压，同时注意左右两端的防守。
3．挑后场球时，尽量挑得高、远，接近底线，为己方争取时间调整为防守站位。
4．对方来球直接扑向己方后场时，则应尽量将球挑回对方后场，然后迅速调整为防守站位。

小提示：
跑位原则其实很简单，即以己方场地中心为对称点，和队友保持对称站立，在不断的跑位变化中，及时进行对称方向的补位。

3 双打接发球

双打接发球，从接球位置上区分，可分为接发网前球和接发后场球。

双打接发球

双打接发网前球

双打接发网前球，一般用扑球、放网前球、搓球、推球、勾对角球、挑球等方法进行还击，其中挑球是没有抢到主动权时的权宜之举，不宜多用。

① 用接发球的准备姿势站立，左脚在前，右脚在后，注视前方，关注来球。

② 判断来球，然后左脚蹬地，右脚向左前方跨出一步，反手握拍。

③ 击球时，拍面立起来，用正拍面搓击来球的底部，使球旋转过网，落于对方前场网前。

不同角度动作展示

双打接发后场球

双打接发后场球，先准备好启动，判断准对方来球的球路后，尽量把球压到对方后场。

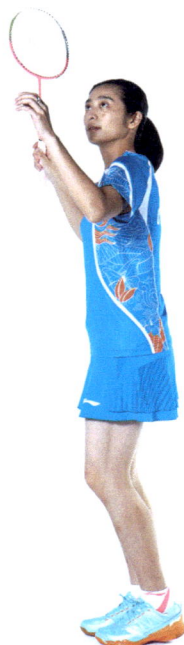

1 用接发球的准备姿势站立，左脚在前，右脚在后，注视前方，关注来球。

2 判断来球方向后，迅速向右转体转髋，身体重心转移至右脚，右手持拍，自然屈肘，向身后做引拍。

3 接球时，右脚后蹬，右手持拍举过头顶击球，尽量将球击向对方后场。击球后顺势将球拍收回至身体左下方。

MEMO

尽量击出高弧线的后场球。

双打接发网前球战术

接发网前球，关键在于抢到对方来球在飞行中的最高点，根据最高点位置采取相应的击球方式。一般采用扑球，或将球压到对方中场两侧，迫使对方从较低点回球，己方可趁机再次扑杀。搓放网前球和勾对角球都是较好的回球方式。

扑球

将球扑向对方中场两侧，迫使对方低手回球。

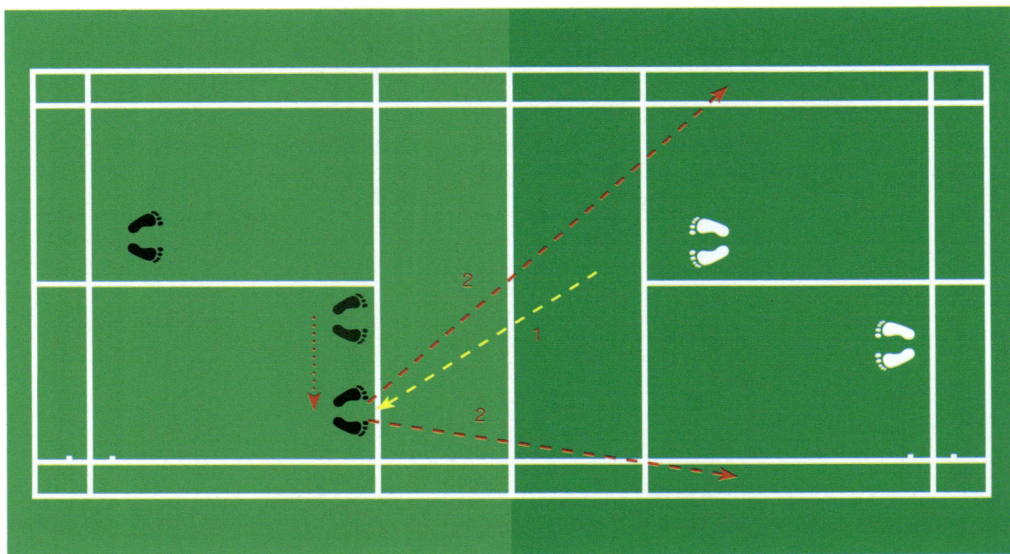

注：▱▱▶ 为对方来球方向，▬ ▶ 为回击方向，┄┄▶ 为接发球方球员移动轨迹，┄┄▶ 为发球方球员移动轨迹（后面的案例中会出现）。后同。

搓放网前球

将球搓向对方网前两角，迫使对方在较低的点回球，有利于己方扑球。

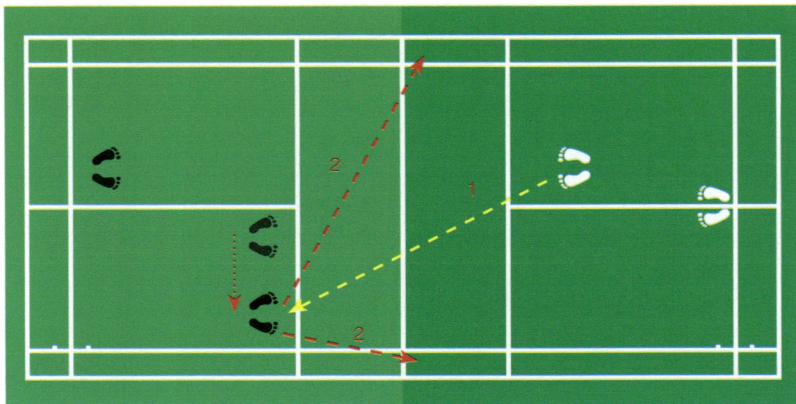

174

对方发来的球靠近己方前场边线时，可用勾对角球技术将球回击到对方网前靠侧边的位置。

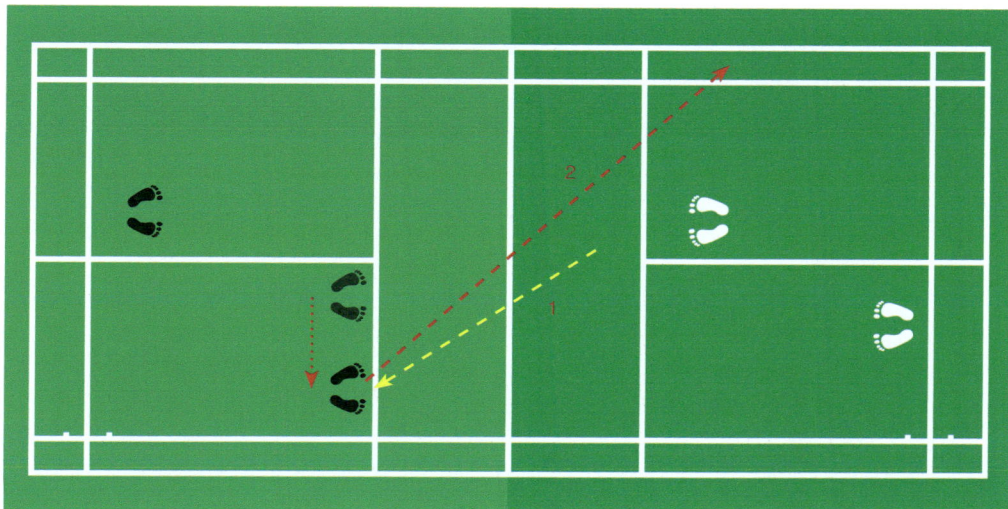

双打接发后场球战术

接发后场球，主要策略是杀发球员的追身球；或者回击平高球，将球击向对方底线两侧；如果处于被动地位，则尽量用高远球，将球击向对方后场，给己方争取时间。

杀追身球

刚发完球的发球员还处于移动状态，且持拍方式还没有转变为最佳的防守持拍方式，此时杀追身球威胁最大。

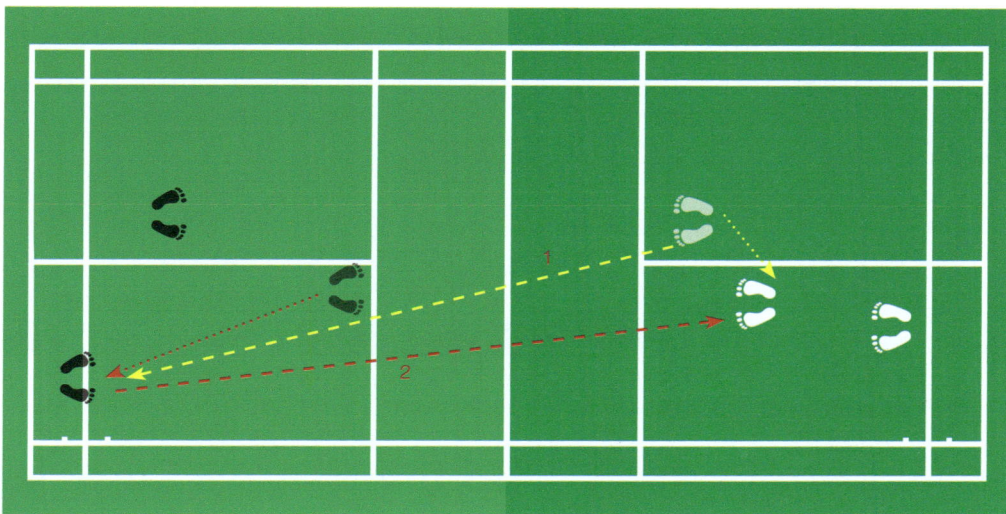

回击平高球

接法球员未能判断对方发球球路，没有做好充分准备的情况下，可以用平高球将球击向对方后场两角。平高球球速较快，给对方还击造成一定难度。

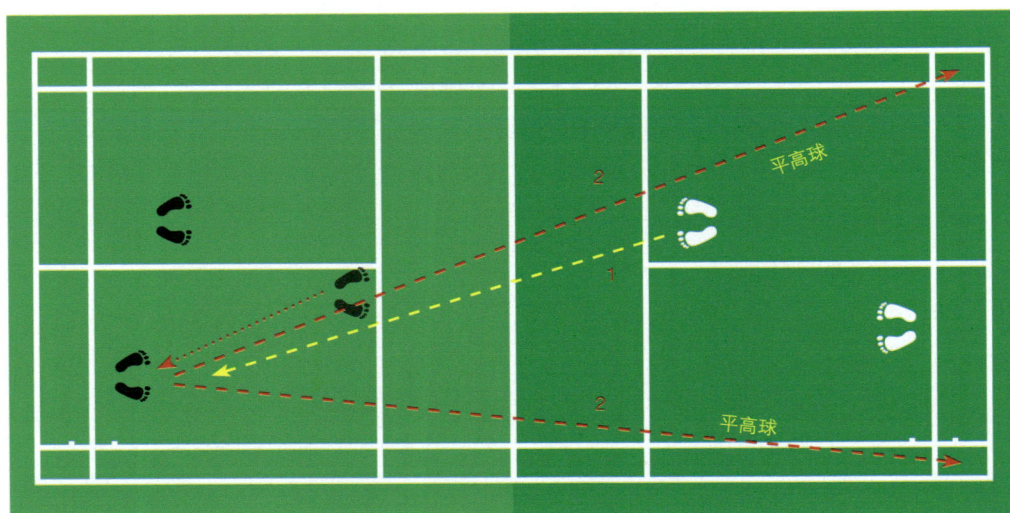

回击高远球

如果己方没有做好准备，来球使自己处于被动地位，则可以回击高远球，使球向对方后场飞去，弧线高，时间长，给己方赢得调整时间。

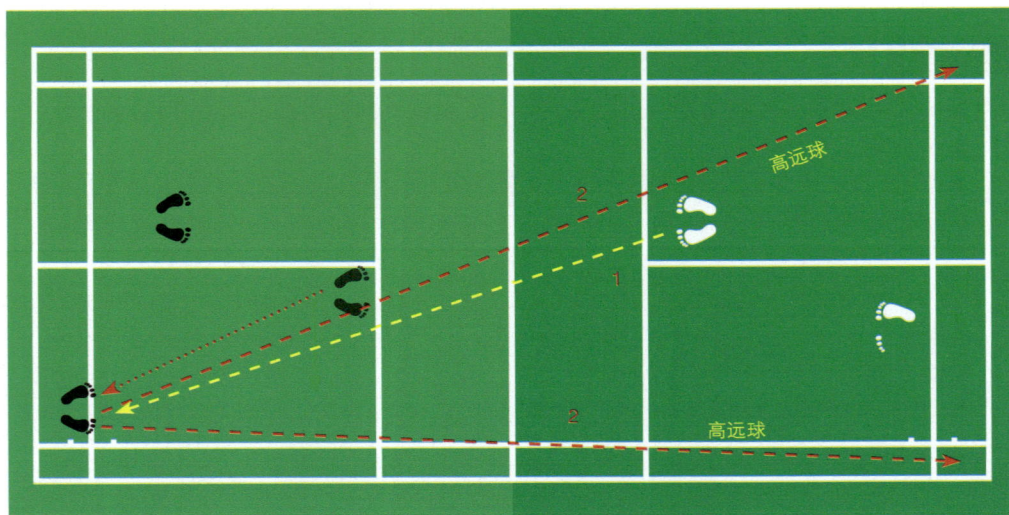

小提示：
除了根据对方发球的位置来决定回球方式外，还可以根据对方及自身的技术特点来选择回球方式：如果对方攻击力不足，可以直接将球击向对方底线两角；如果对方的反手能力较差，可以将球压向的对方的反手底线。

双打造成对方被动局面的接发球战术

在双打中，如果接发球时，能造成对方被动的局面，迫使对方被动击球，对己方自然非常有利。

挡网前两角

此方法，主要是将球回击到和对方发球员呈对角线的位置的网前。接发球员位于右区时，可用反拍将球轻送至对方网前左角，当接发球员位于左区时，可用正拍面将球轻送至对方网前右角。

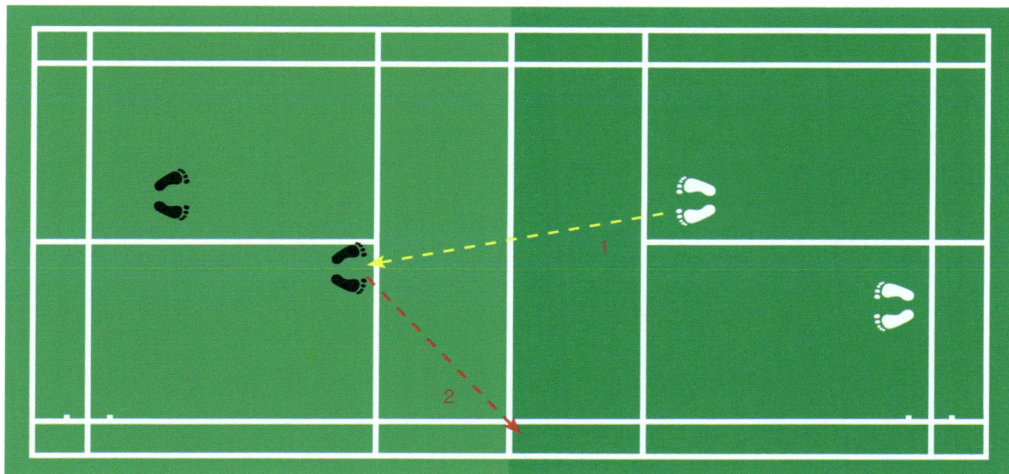

直线推后场两角

接发网前球时，迅速将球推向后场两角，如果球的速度快，位置准确，则具有较大威胁力，迫使对方被动回球。不过，尽量不要推斜线球，容易被发球员拦下，而且由于距离远，球速会较慢。

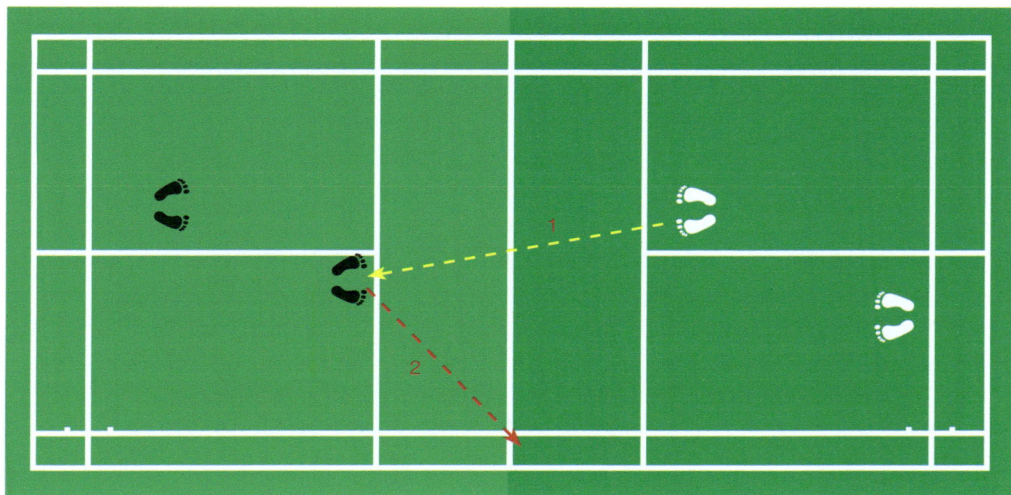

4 双打进攻战术

对方的两名队员，技术水平不平衡时，常用这种战术，但也同样适用于对方两名队员技术水平较均衡的情况。通常情况下，将球下压至前场，两人合力攻击前场球员。此时，若对方后场球员意图上前缓解被动局势，则可趁机偷袭后场。

1. 将球压至对方前场，合力攻击前场，使对方前场队员疲于应付，然后找机会突袭前场。

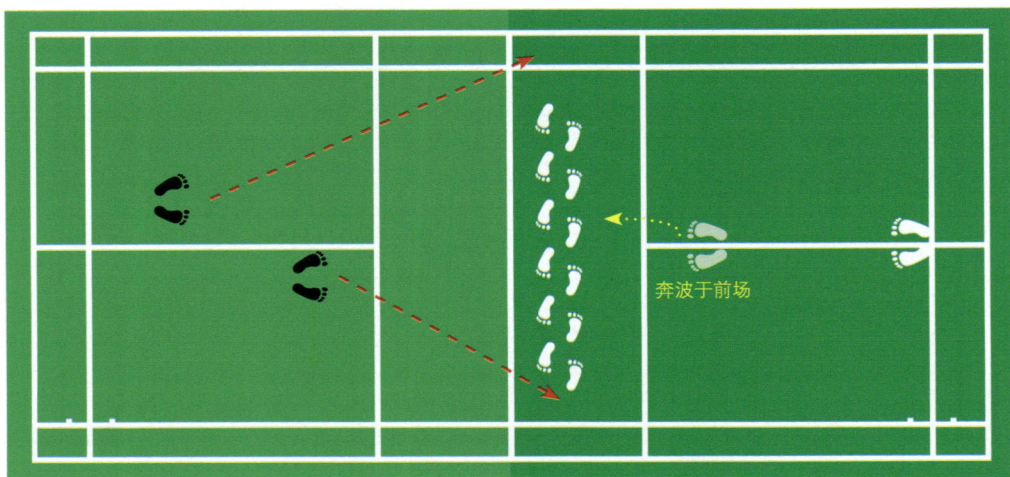

奔波于前场

2. 如果后场队友上前救场，则后场出现大的空当，此时也可向对方后场进行突袭。

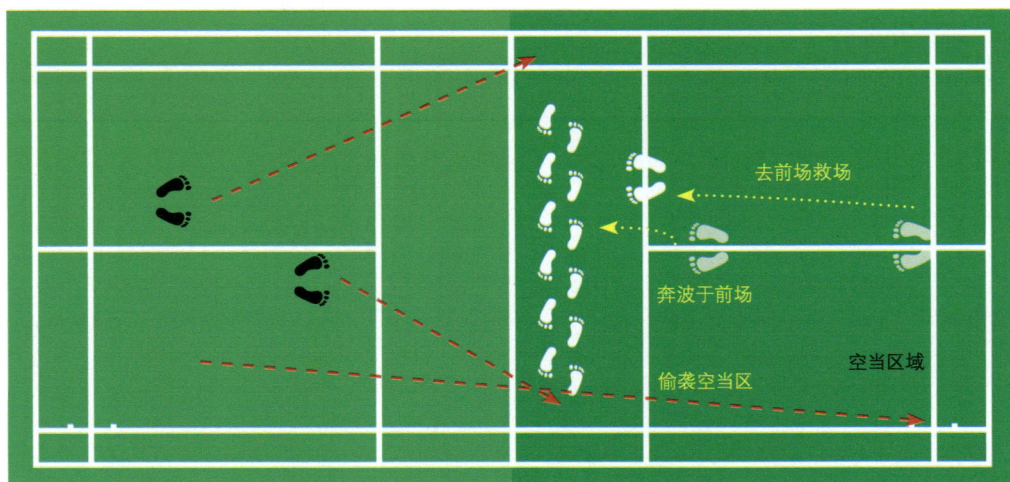

去前场救场

奔波于前场

偷袭空当区

空当区域

攻中路战术主要针对配合不默契的对手。如果对方是左右站位，可将球击向两人中间，造成对方出现抢球回击，或让球漏接的状况。如果对方是前后站位，可将球击向对方中场两侧边线处，使对方前场队员不易接球，而后场队员只能低手位接球。

1. 将球击向对方两队友中间，使其出现争相击球或者互相让球的状况。

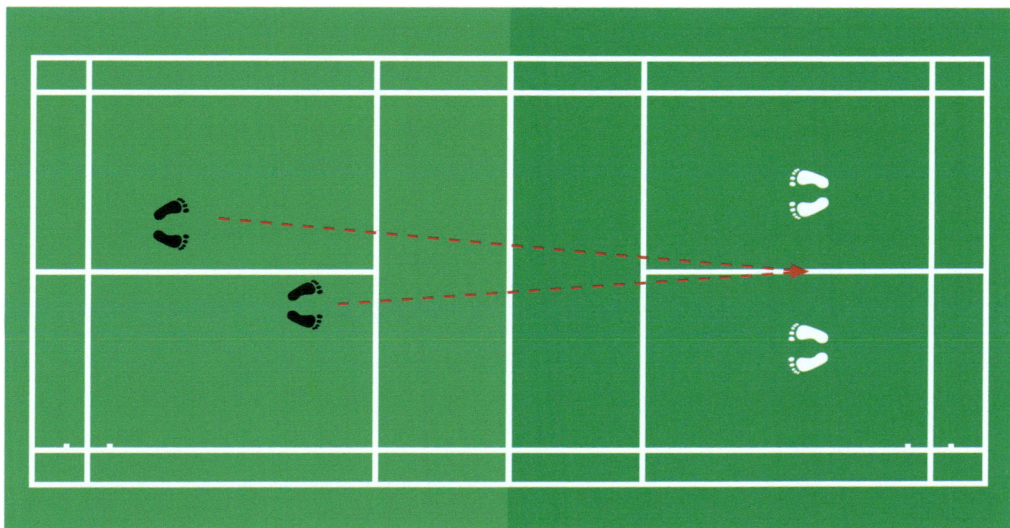

2. 将球击向对方中场两侧边线，对方后场队员奔向两侧被动低手击球，对己方有利，再加上后场出现空当区域，可趁机突袭后场。

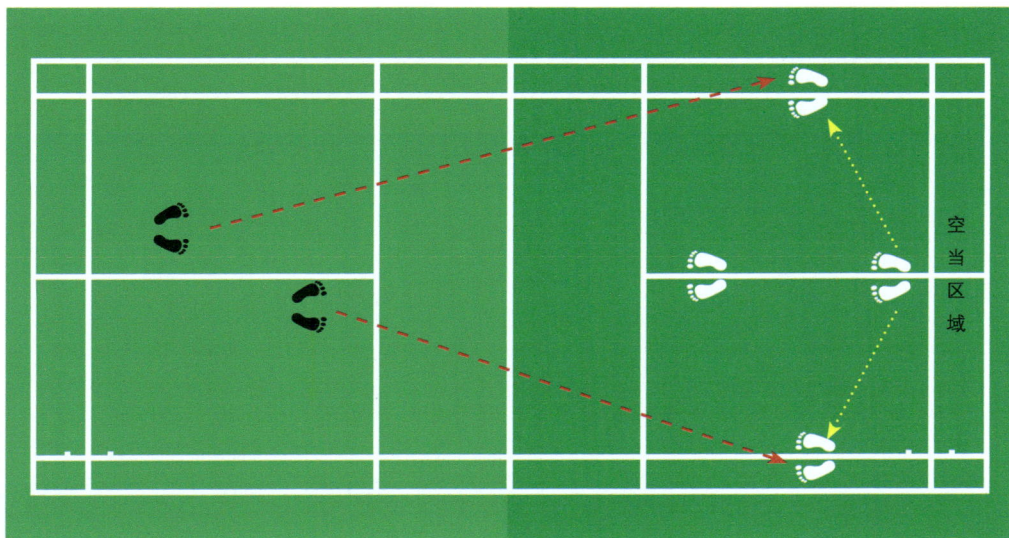

拉后场球进行反击战术

如果对方后场队员的扣杀能力较差，可使用此种战术。此战术综合运用击后场球技术，将对方的一名球员锁定在后场来回奔波，待其回球质量不高时，伺机突袭中后场。如果前场队员意图退回后场救援，可伺机突击前场。

1. 将球击向对方后场底线两角，使对方后场队员疲于奔波。

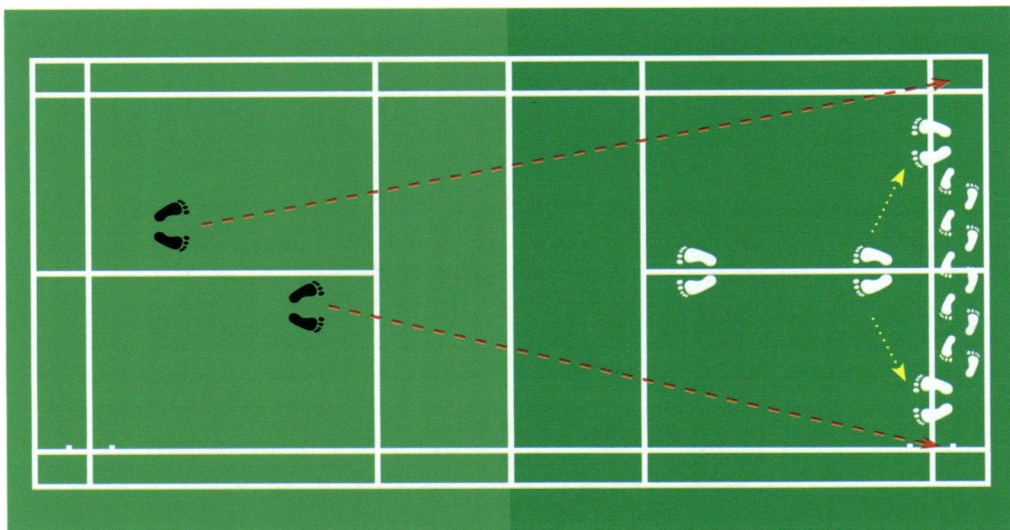

2. 如果对方前场队员到后场救援，则前场出现空当，趁机突袭前场。

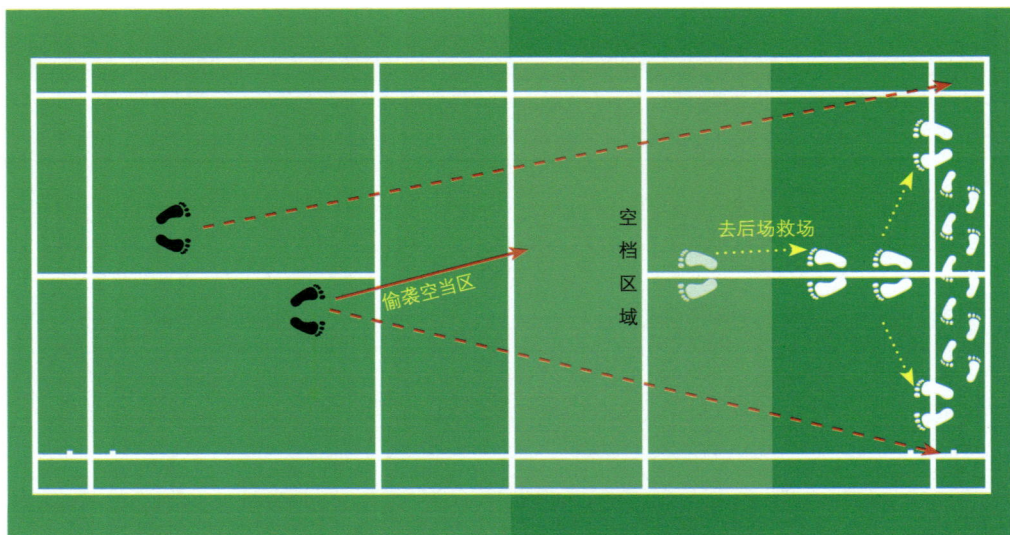

去后场救场

偷袭空当区

空档区域

前场封压进攻战术

如果己方队友之间配合默契，而且前场队员网前技术很好，可采用此种战术。前场队员通过娴熟的网前技术，迫使对方起高球，此时己方可趁机杀球。

1. 将球击向对方网前，对方被迫上网起高球，己方可趁机杀向对方中场边线。

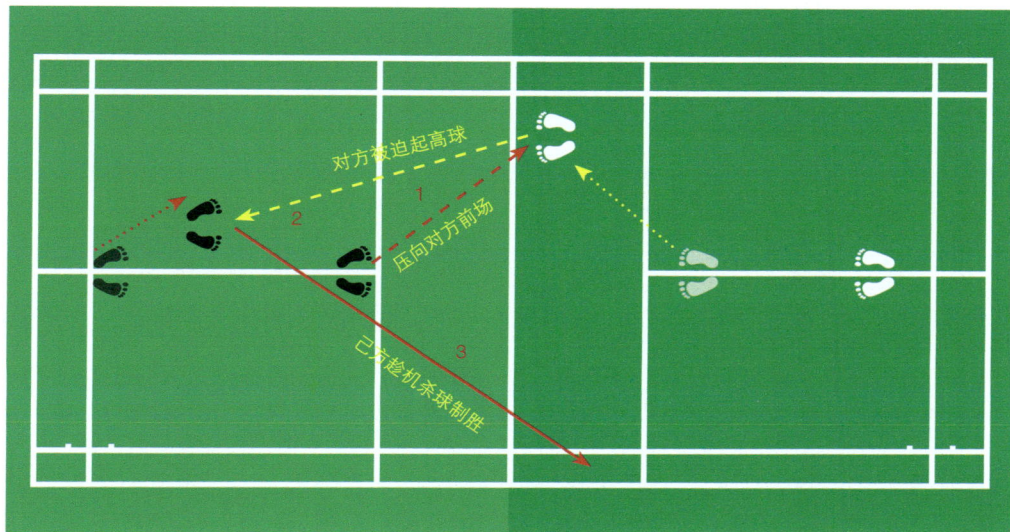

对方被迫起高球
压向对方前场
己方趁机杀球制胜

2. 对己方的杀球，对方能勉强救起，在回球质量不高的情况下，己方可在网前继续封杀。

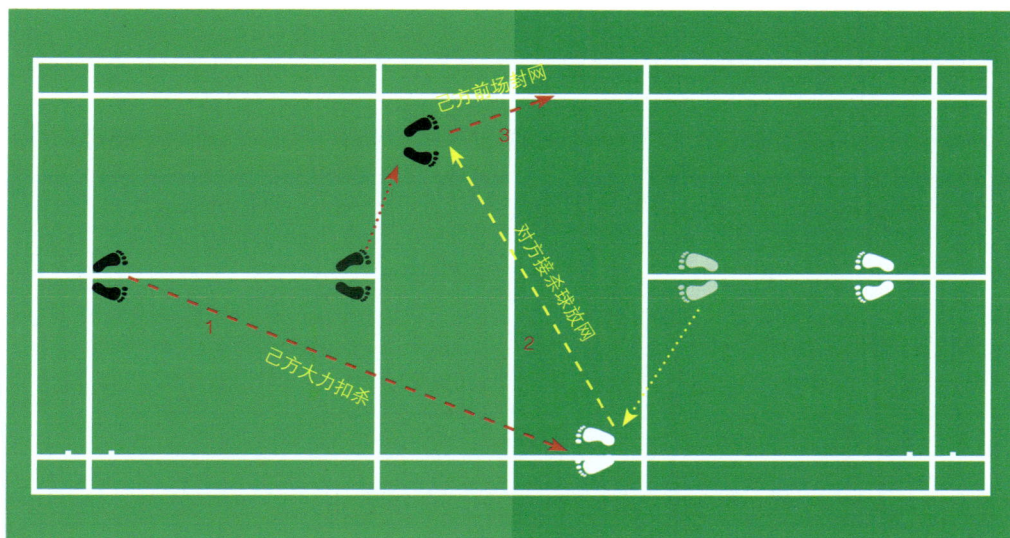

己方前场封网
对方接杀球救网
己方大力扣杀

5 双打防守战术

在双打比赛中，有时不免被对方控制着比赛节奏，使己方处于下风，被迫防守。此时为了打破对方的比赛节奏和进攻势头，可抓取时机进行反击，转守为攻。

调整站位

原则上，两人的移动形成互补的情况，一人跑动击球时，另一人则迅速补上空当位置。

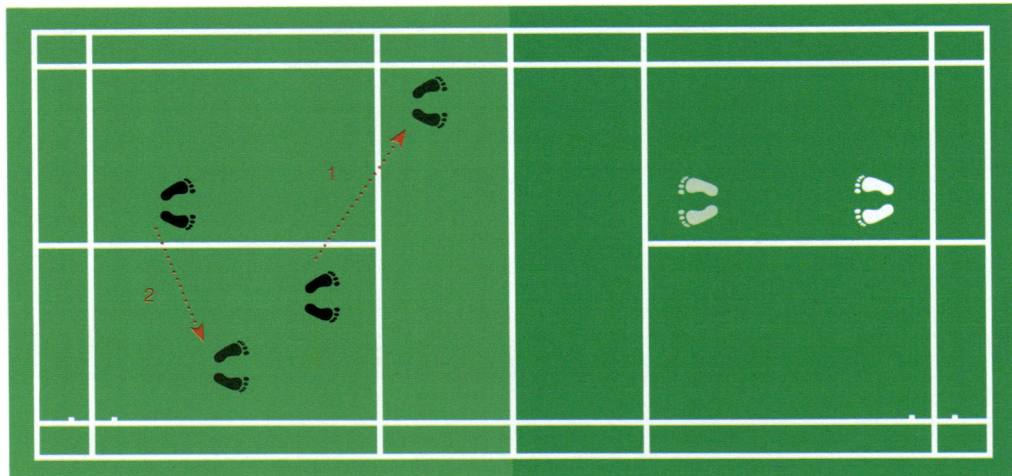

直线后退

网前挑高球后，一定要直线后退，切忌对角线后退。直线后退距离短，速度快，可以迅速回到站位，而对角线后退的距离较长，移动的轨迹比较暴露，很容易被对方打追身球。

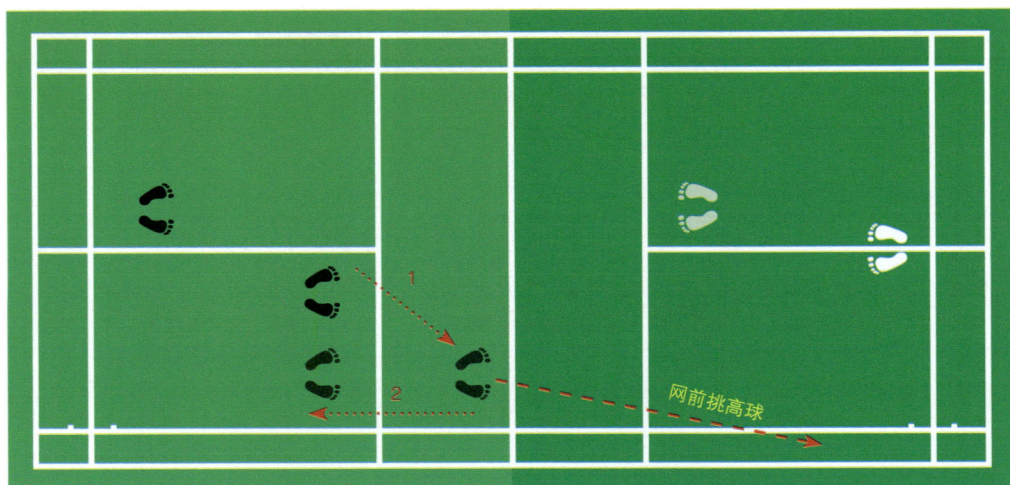

网前挑高球

对方为攻方，一人杀球，一人封网，两人处于同半边场地，前后位于一条直线上，己方接杀球时，应把球击回至对方空出的半场（或其后场）。

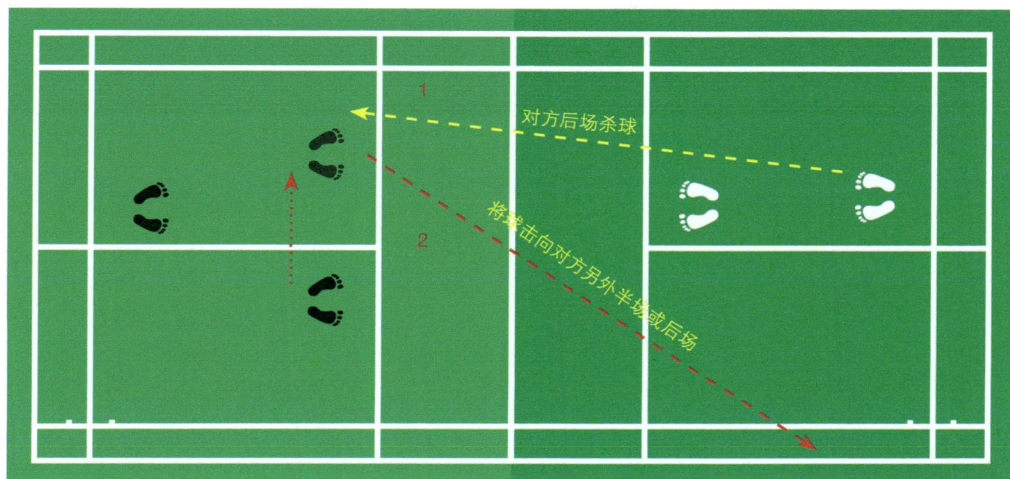

1 对方后场杀球

将球击向对方另外半场或后场

2

对方为攻方，一人杀球，一人封网，前后处于对角线上，己方接杀球时，可将球击至杀球者所在半场的网前，或者封网者半场的后场。

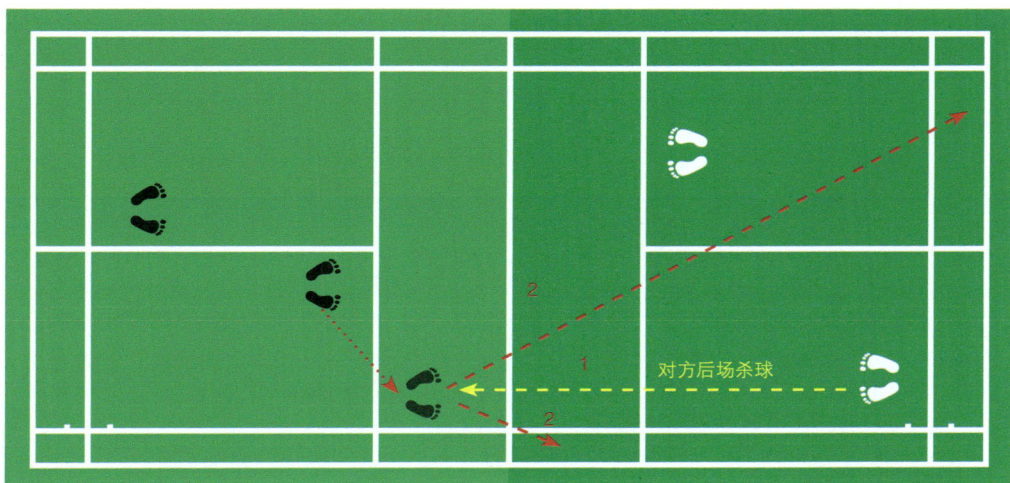

2

1 对方后场杀球

2

防守球路3

对方为攻方，对方杀球者杀对角线球，而另一名队员也退到后场去助攻，己方接杀球时，将球还击到对方网前。

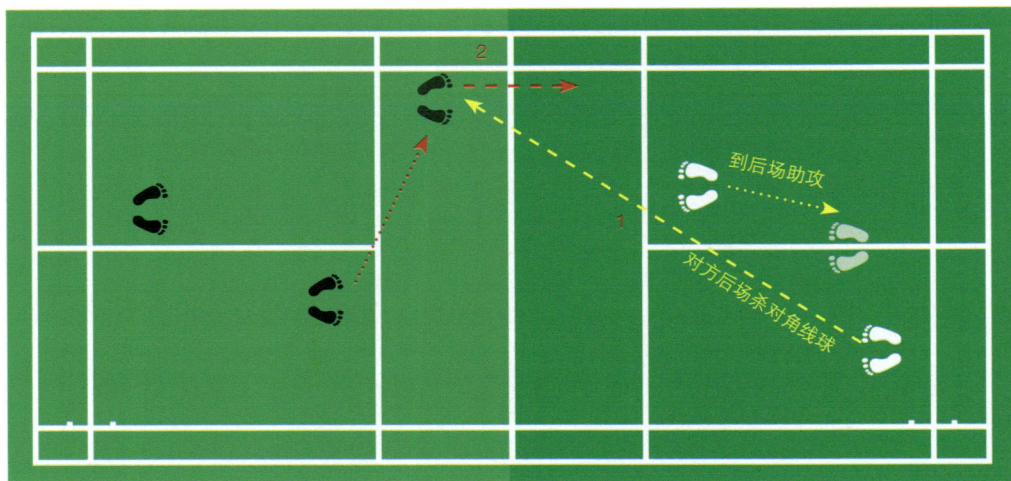

到后场助攻

对方后场杀对角线球

防守球路4

对方为攻方，可以把攻方杀来的直线球挑对角线球，或者将对方杀来的对角线球挑直线球，以此调动对方在后场跑动。

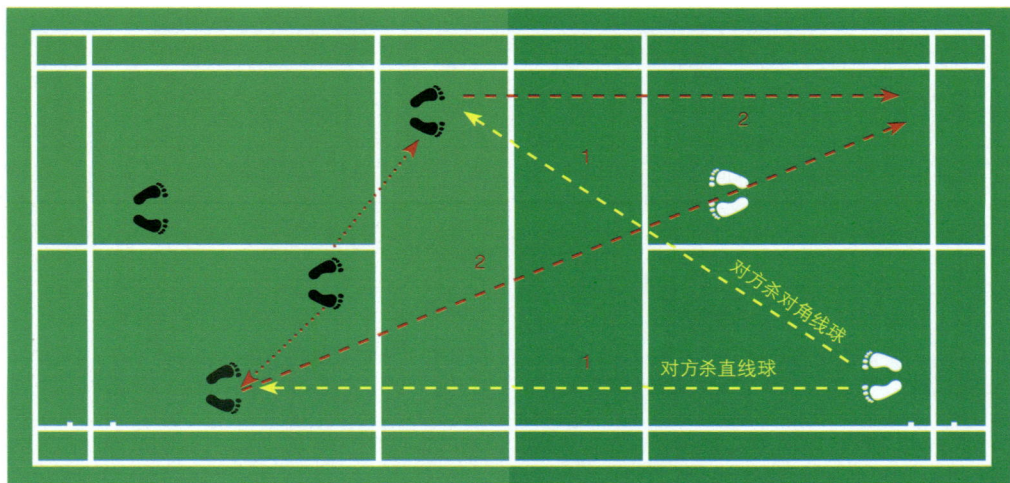

对方杀对角线球

对方杀直线球

双打常见配合失误

接中路球

当对方击来中路球时，己方两名队员经常会出现互相让球或互相争抢的情况，结果造成漏球或抢球失误。对于中路球，以下三种回击方式较合理。

情况一：平行站位。如果两人都是右手执拍，由左边的球员接球更为便利。

情况二：平行站位。如果两人分别为左、右手执拍，原则上由右手执拍的球员接球，也可以按照两人的约定来处理。

情况三：前后站位。两人为前后站位，如果来球过前场球员的头顶，则由后场球员来接球。

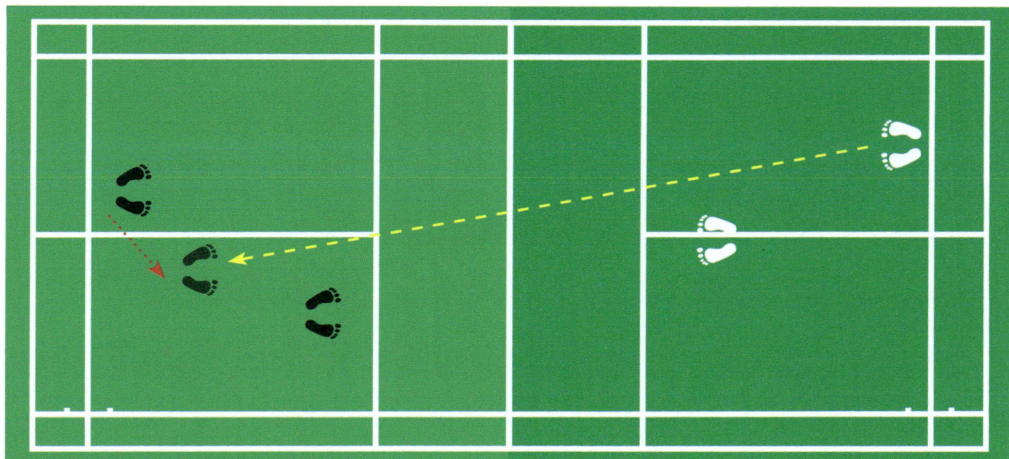

进攻转防守时前场跑位失误

常见错误做法：前场球员由进攻转防守时，在网前右场挑球后，迅速移向左后场。这样不仅造成混乱，而且跑位时耗时较长，不利于防守。

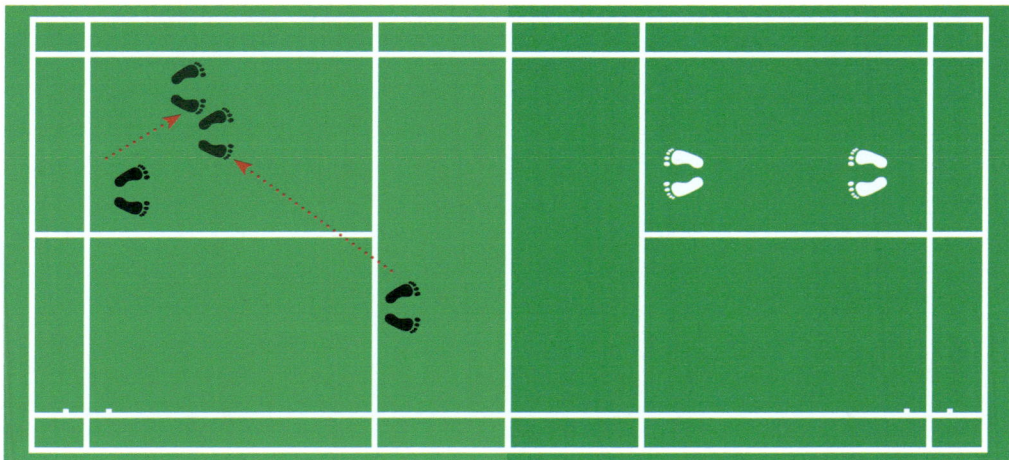

正确做法：前场球员在网前右场挑球后，迅速直线退回右后场，后场球员则迅速移向左前场进行防守。

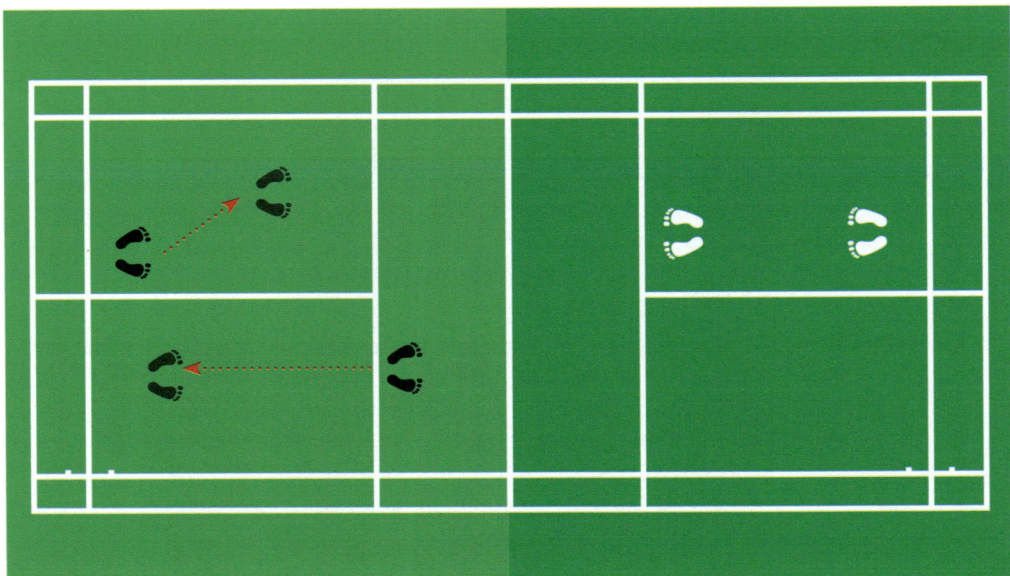

后场跑位失误

常见错误做法：后场球员由进攻转防守时，在右后场击完高远球后，迅速转向左前场。这样不仅耗时较长，而且容易造成两位球员相撞，不利于防守。

正确做法：后场球员在右后场回击高球之后，向前移动到右场中部，而此时搭档由前场迅速退至左场中部。

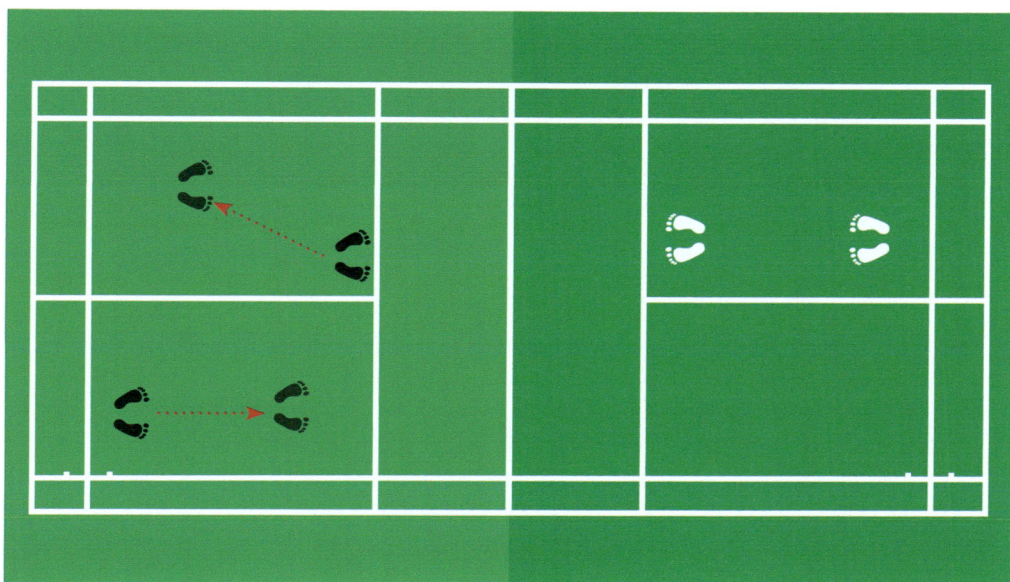

前场搭档抢中场球

常见错误做法：当来球越过前场球员的头顶，飞向中场时，前场球员向中场后退接球，不仅接球费力，回球质量不高，而且使前场另一侧出现空当区。

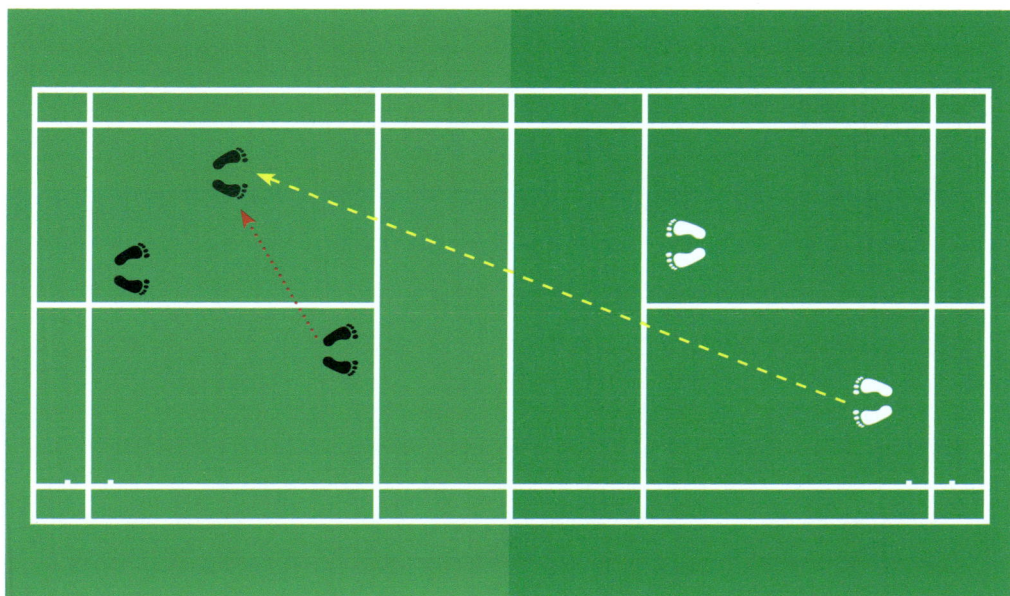

正确做法：当来球越过前场球员的头顶，飞向中场时，由后场球员迅速移向中场来接球，而此时前场球员稍稍向另一侧的后场移动，保护后场。

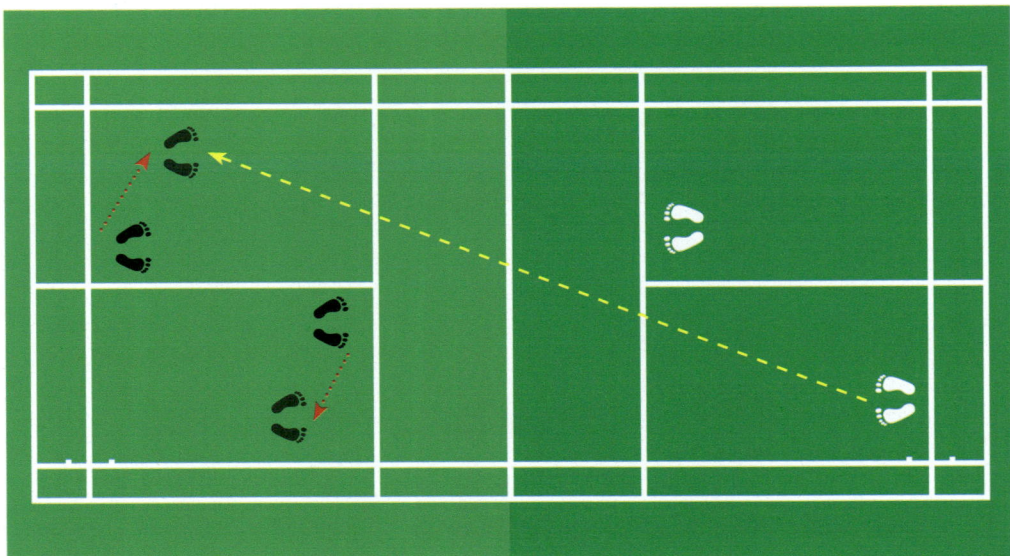

后场搭档抢前场球

常见错误做法：两人前后站，对方来球飞向前场右半场，后场球员移动上前击球，从而使左后场出现大片空当。

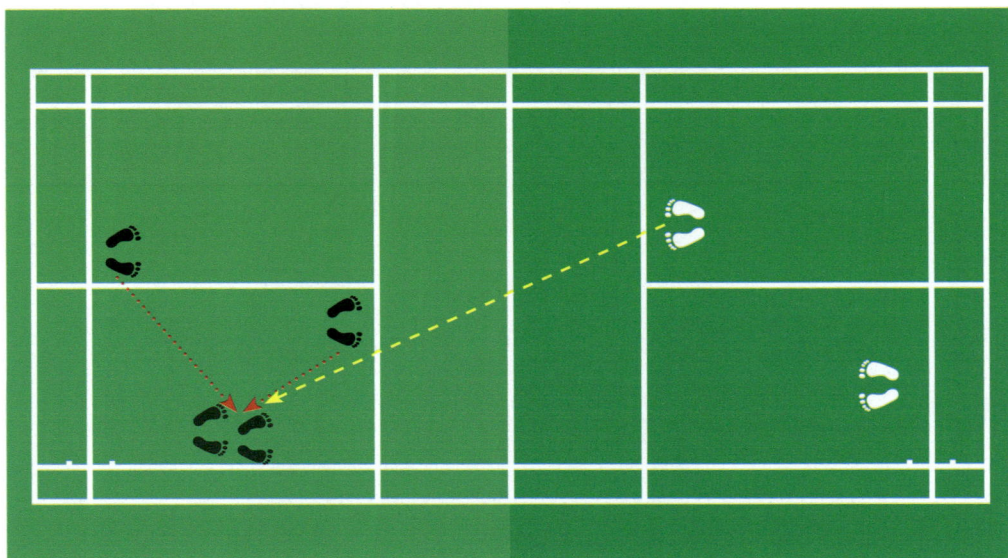

正确做法：两人前后站，对方来球在前场时，由前场球员击球，后场球员注意防守后场。

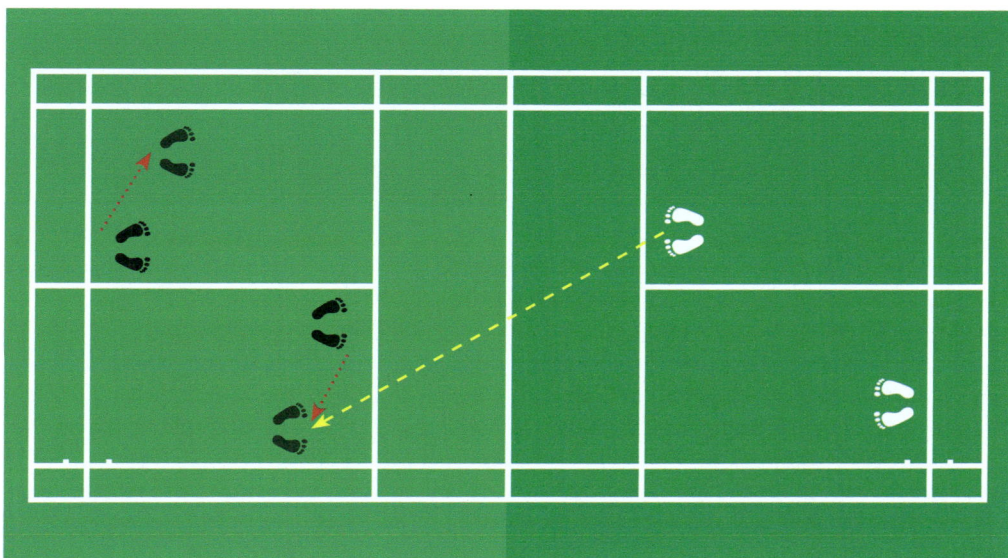

发后场球后，发球者站位错误

常见错误做法：发后场球后，不迅速后退，而是站在原地，前后站位是进攻站位，这样不利于接第三拍。或者发球后向左场移动，也是错误的。

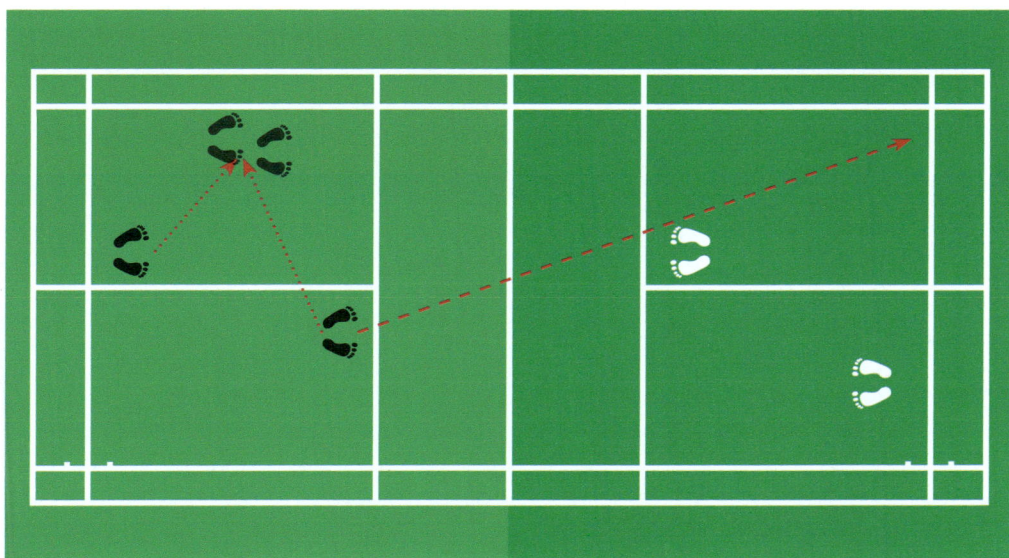

正确做法：发后场球后，发球者迅速后退至右场中部，搭档向前移动左左场中部，形成左右平行的防守站位。

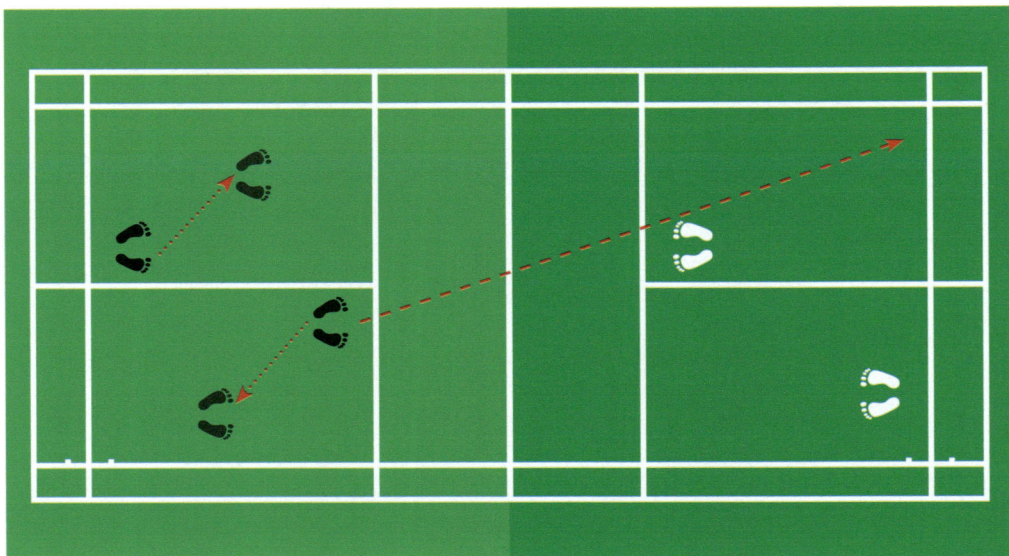

发前场球后，发球者站位错误

常见错误做法：发前场球后，迅速后退，而后场搭档又不能及时上前，造成第三拍封网失利。

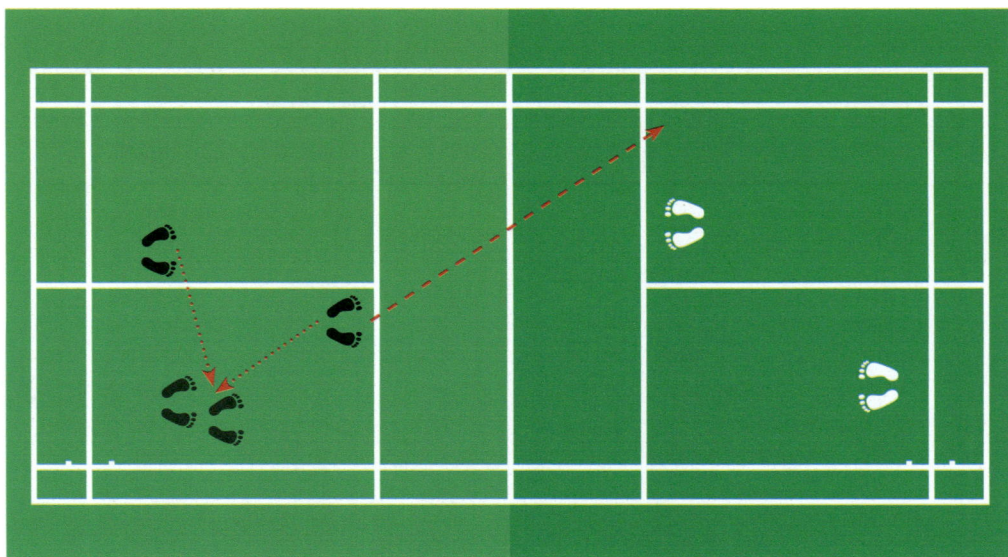

正确做法：发前场小球后，仍采取前后站位，及时进行前场封网。

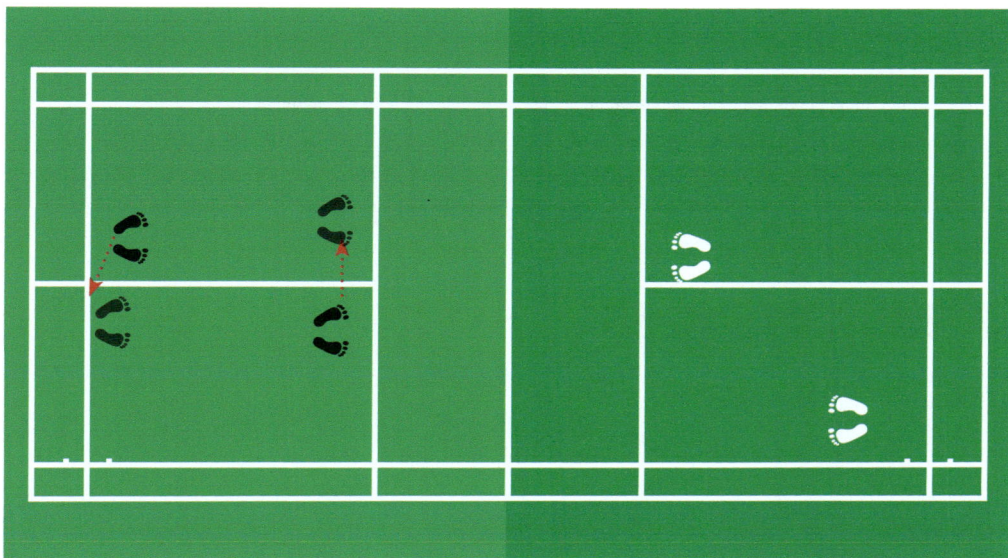

7 混双战术

混双也就是男女混合双打,每一对搭档都由一男一女组成。混双的赛场规则和双打一样。由于混双的一对搭档中,男女身体素质不同、技术技巧各异,因此展现出不同的打法特点。如果比赛中搭档之间能够默契配合,就会充分展示出混双的魅力。混双的战术可参考双打战术,但是除此之外,混双还具有自身特点的战术。

男球员后场进攻,女球员前场封网

由于男球员身体素质好,绝对力量大,杀球力度强,比较适合在后场组织进攻,而女球员手法细腻,观察力好,同时力度又较柔和,比较合适在前场控球封网。(左半区,黄色脚印为女球员,蓝色脚印为男球员。后同。)

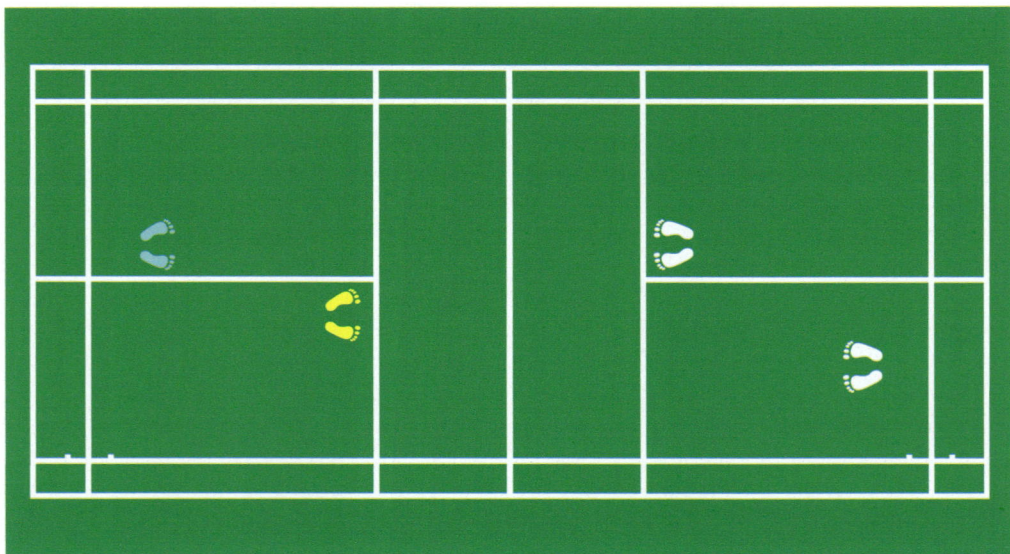

女球员发网前小球

女球员发球时,最好发网前小球,并在发球后快速准备封网。

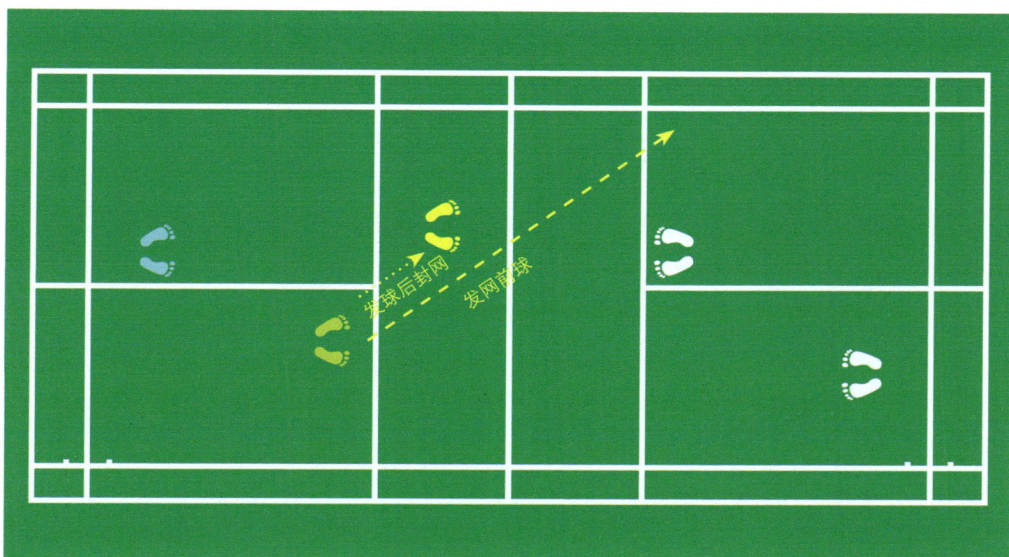

发球后封网

发网前球

男球员发球时的队员站位

男球员发球时，女球员站于前场的T区，弯腰半蹲举拍，避免给男球员的发球造成干扰。男球员站在中场位置发球，发球后在后场负责进攻，女球员在前场负责封网。

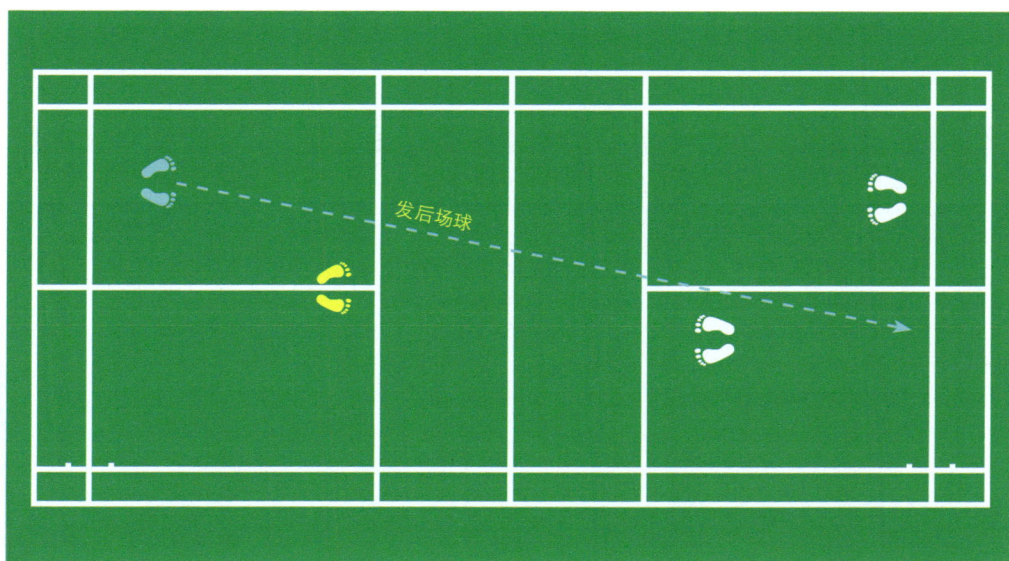

发后场球

被迫防守时，女球员可直线后退（后退至距离发球线1米距离），防守三分之一的场地，男球员则移动至距离发球线1.5米左右的距离，负责剩下的三分之二的场地。

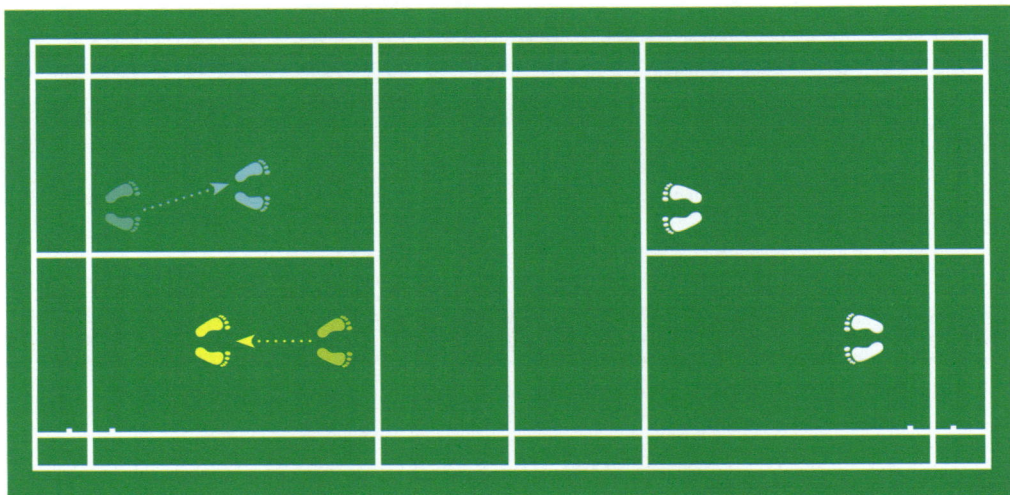

男球员处理网前球时

男球员处理网前球时，尽量不要放网前球，可以采用多种技术使球的落点富于变化，这样可以为女球员的回位提供机会，否则女球员会被持续留在后场，不利于整个场面控制。

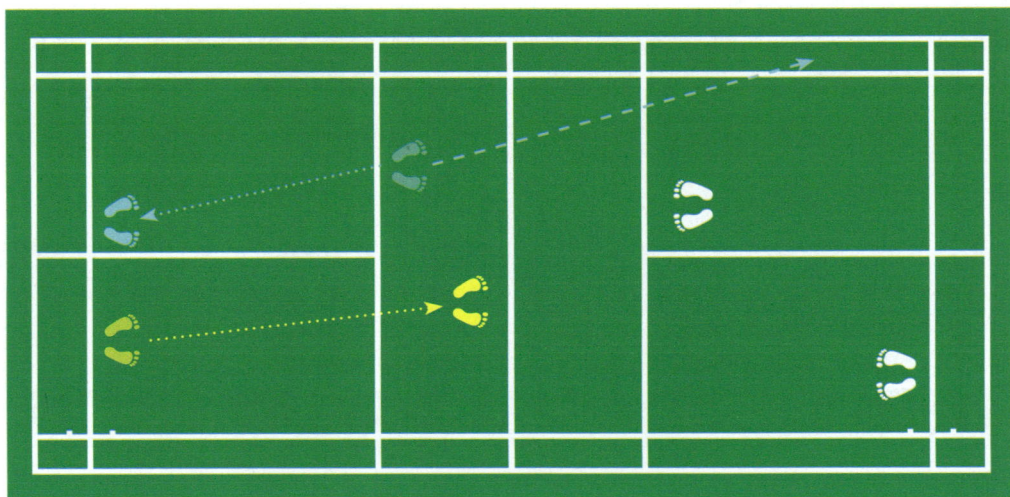

女球员不起高球

女球员处理网前球时，可以采用多种技术灵活处理来球，以控制落点，给搭档创造攻击机会，最好不要起高球，否则会很容易把己方陷入被动地位。

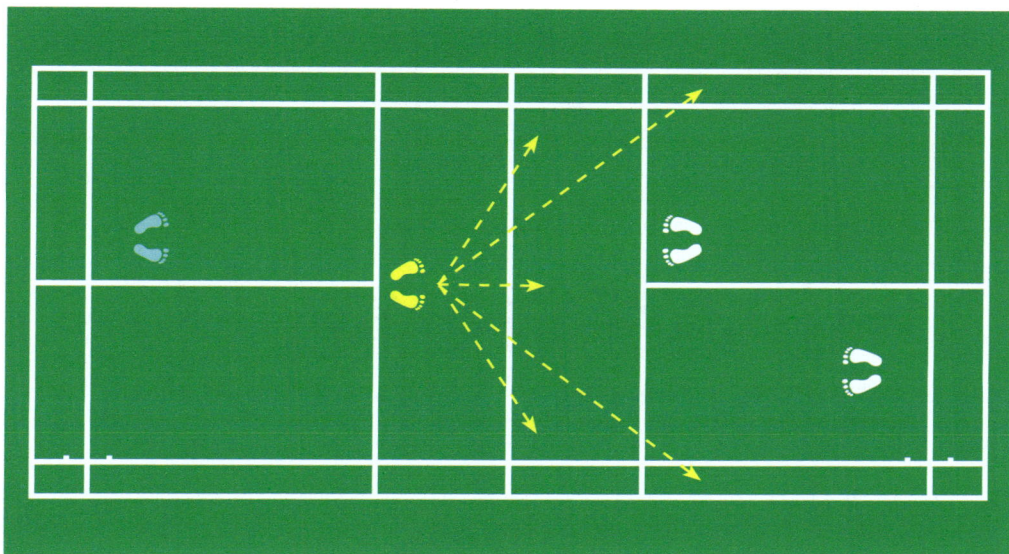

第7章

高手进阶篇

这一章主要对高手进阶做介绍和讲解。其中包括技术提高、战略战术提高。

1 战略进阶

原则性进攻战术谈

如果想在赛场上堂握主动权，进而克敌制胜，需要有效的进攻战术。总体上掌握一些原则性的战术，是非常有必要的。下面就来介绍一下。

多打重复球进攻

重复平高球进攻：

适用对象——回动上网较快、后场球控制能力差、侧身步法较差的对手。

球路——重复平高球进攻对方同一后场区，直接迫使对方失误，或迫使对方回击半场高球，利于己方杀球制胜。

重复杀球：

适用对象——防守时习惯反拉后场球的对手。

球路——不急于上网，而是要重复杀球，轻杀、短杀重复使用。杀球后及时调整自己的位置，以便于下一次快速启动杀球。

重复推球：

适用对象——习惯拦网后快速回中的对手。

球路——重复推球，最好是重复推网前直线球，使对方疲于奔跑于网前和场地中心。

重复吊球：

适用对象——适用于上网步法差、后场步法差的对手。

球路——重复吊球，吊两边或一边，掌握主动权，伺机一招制胜。

两侧勾球

适用对象——左右转体较差、不灵活的对手。

球路——己方从网前勾对角网前球，此时对方大多会搓回一个直线网前球，想趁机后退进攻。此时己方可再次勾对角网前球，使对方没有机会进攻。

慢吊快吊（劈吊）相结合

适用对象——稳定性、敏捷性较差的对手。

球路——慢吊，就是从后场吊向网前的球，速度慢，弧度大，落点距离网前近。快吊（劈吊）则是将球从后场吊向网前时，球速快，基本呈直线，落点离网较远。这样可以很好地将对方的站位前后拉开，等对方失去重心时，可趁机杀球制胜。

长杀和短杀（点杀、劈杀）相结合

适用对象——稳定性、敏捷性较差的对手。

球路——采用直线长杀、对角线短杀相结合，较难防守，对方需要移动的距离较远，疲于奔跑，且回球质量不高，为最后一击创造机会。

重杀与轻杀相结合

适用对象——稳定性、敏捷性较差的对手。

球路——中场重杀、后场轻杀相结合。利用吊球迫使对方打出中场球，这时可以用重杀；如果对方将球压向后场，可采用轻杀，因为后场轻杀更容易控制好身体重心，以更好地处理网前球，而中场的重杀，即使控制不住重心也没有太大影响，因距离前场较近，同样能够上网封球。

2 培养球场好习惯

羽毛球运动的技巧性很强，常常是一个细节决定成败，因此，培养良好的场上习惯十分有必要。下面来具体罗列讲解。

培养好习惯

踮脚跑

在场地上养成踮脚跑的习惯，可以使脚步更敏捷，跑速更快，有助于把握主动权。

启动小跳

养成启动小跳习惯，会使启动速度快，移动更敏捷，并可增加接杀球的快速反应能力。

后场球跳一下

打后场球时，如果跳一下，可以有效提高击球点，发力的角度也更佳。这个"跳"，是单脚跳，重在蹬地发力，不要求跳得很高。

保持防守站姿

球场上要养成保持防守站姿的好习惯，防守站姿即：踮脚，双膝微曲，持拍手前伸，目视对方持拍手。

场上举拍

养成举拍的习惯。在场地上奔跑厮杀时，一直举着拍子，随时准备击球，进行封网，十分有助于防守。

多侧身

场地上多保持侧身，尤其是在向后场移动的时候，这样可以速度更快，击球点更准，发力好，威胁大。

避免坏习惯

双脚平行等球

双脚忌左右平行站位，宜前后站位，加快上网启动速度。

发完球就后退

无论是单打还是双打，发完球就后退均是不好的习惯，容易陷入被动。根据自己的发球质量、对方接发球的水平来决定后退还是上网。

双打补位不及时

双打中，队友在回球时，自己不能只在一边观看，而应根据队友的移位，随时准备补上空当。

双打前场不举拍

双打中，前场负责网前的人，总是垂下拍子等球，而没有举起拍子的习惯。前场击球，一般是自上而下的，如果没有养成举拍的习惯，则会浪费掉宝贵的进攻时机。

重心太稳

等球时，不少球友习惯站得太"死"，这样很不利于下次启动。正确的做法应该是将重心放在前脚掌，脚跟离地，有利于快速启动。

非持拍手不能配合

很多球友在整个击球过程中，非持拍手不能有效配合击球动作，或者保持不动，或者很松懈等。非持拍手的配合，可以起到保持身体平衡的作用，并且有助于身体协调发力。

捡球

球落地成死球后，有不少球友没有主动捡球的习惯，这是"球品"。自己打下网或距离自己较近的球要自己捡起来，尤其不能用脚踢给对方，这是最起码的球场礼仪。

打球前没有充分热身

打球前不做准备活动，身体各部位的关节和肌肉没有热起来，运动时容易拉伤。

打球后没有进行放松练习

打球后，身体各部肌肉在运动中收缩强烈，有些肌肉还处于缺氧状态，此时不宜直接坐下、喝水或者换衣服，这样不利于身体的恢复，容易造成运动后肌肉酸疼。正确的做法是慢走几圈，做几组肌肉拉伸。